A MESA
DA PALAVRA
II

CB022718

COLEÇÃO COMENTÁRIOS

A mesa da Palavra I: Elenco das Leituras da Missa – José Aldazábal
A mesa da Palavra II: leitura da Bíblia no ano litúrgico – Pedro Farnés
Instrução Geral sobre o Missal Romano – José Aldazábal

Pedro Farnés

A MESA
DA PALAVRA
II
Leitura da Bíblia no ano litúrgico

Dados Internacionais de Catalogação na Publicação (CIP)
(Câmara Brasileira do Livro, SP, Brasil)

Farnés, Pedro
A mesa da Palavra II : leitura da Bíblia no ano litúrgico / Pedro
Farnés ; [tradução Ricardo Souza de Carvalho]. — São Paulo : Paulinas,
2007. — (Coleção comentários)

Título original: Lectura de la Biblia en el año litúrgico
Bibliografia.
ISBN 978-85-356-2123-5
ISBN 84-7467-206-6 (ed. original)

1. Ano litúrgico   2. Bíblia – Leitura   3. Celebrações litúrgicas
4. Palavra de Deus   I. Título.   II. Série.

07-7591   CDD-263.9

Índices para catálogo sistemático:

1. Ano litúrgico : Leituras bíblicas : Observância religiosa : Cristianismo   263.9
2. Leituras bíblicas : Ano Litúrgico : Observância religiosa : Cristianismo   263.9

Título original da obra: *Lectura de la Biblia en el año litúrgico*
© Centre de Pastoral Litúrgica, Barcelona, 1991

Direção-geral:	Flávia Reginatto
Editores responsáveis:	Vera Ivanise Bombonatto
	Antonio Francisco Lelo
Tradução:	Ricardo Souza de Carvalho
Copidesque:	Anoar Jarbas Provenzi
Coordenação de revisão:	Marina Mendonça
Revisão:	Leonilda Menossi e Jaci Dantas
Direção de arte:	Irma Cipriani
Gerente de produção:	Felício Calegaro Neto
Capa e diagramação:	Telma Custódio

Nenhuma parte desta obra poderá ser reproduzida ou transmitida por qualquer
forma e/ou quaisquer meios (eletrônico ou mecânico, incluindo fotocópia e
gravação) ou arquivada em qualquer sistema ou banco de dados sem permissão
escrita da Editora. Direitos reservados.

Paulinas

Rua Pedro de Toledo, 164
04039-000 – São Paulo – SP (Brasil)
Tel.: (0XX11) 2125-3549 – Fax.: (0XX11) 2125-3548
http://www.paulinas.org.br – editora@paulinas.com.br
Telemarketing e SAC: 0800-7010081
© Pia Sociedade Filhas de São Paulo – São Paulo, 2007

INTRODUÇÃO

*José Aldazábal**

Ao longo dos últimos anos, principalmente na revista *Oración de las Horas*, Pedro Farnés escreveu uma série de reflexões sobre "a Bíblia e o Ano Litúrgico".

Estes artigos não pretendem oferecer explicações de cada leitura, por exemplo, como ajuda para a homilia. O que oferecem é algo mais importante ainda: situar os diversos livros da Bíblia no conjunto da celebração cristã, em sua relação uns com os outros, e também com o transcorrer do Ano Cristão.

A leitura bíblica é oferecida hoje ao povo cristão, na liturgia, em três níveis diferentes:

- uma visão básica é a das *leituras dos domingos na Eucaristia*, que são dirigidas, em um ciclo trienal, a toda a comunidade cristã;

- uma visão mais completa é a das *leituras eucarísticas da semana*, que permitem, em seu ciclo de dois anos, uma leitura já muito mais profunda da mensagem revelada por Deus, tanto do AT, quanto do NT;

- porém a leitura mais completa (moralmente completa) da revelação é aquela a que são convocados a fazer os ministros ordenados, os religiosos de vida contemplativa e também os leigos que queiram seguir o ritmo do *Ofício das Leituras na Liturgia das Horas*, principalmente se o fizerem com o Lecionário bienal.**

Os três níveis são complementares. Mas essa relação interna não se revela facilmente e, por isso, acabam sendo muito interessantes estas

---

* Sacerdote salesiano (1933-2006), doutor em Liturgia pelo Instituto Santo Anselmo, de Roma. Foi também consultor da comissão litúrgica da Conferência Episcopal Espanhola.
** A numeração citada neste livro refere-se ao Lecionário bienal.

páginas de Pedro Farnés, porque ele nos ajuda a ver o conjunto das leituras em estreita relação entre si.

Mas, além disso, para que aqueles que seguem os ciclos de leituras possam obter todo o conteúdo espiritual possível, devem saber como estes últimos se organizam em si mesmos — seguindo a vontade reveladora de Deus — e também como se inserem no Ano Cristão.

Portanto, não cabe aqui esclarecer cada leitura, mas sim seu contexto global e a intenção pastoral que possui — às vezes herdada dos primeiros séculos — para determinado tempo litúrgico. Essas considerações nos ajudarão a captar as características dos diversos tempos litúrgicos do ano, precisamente através de suas leituras litúrgicas, tanto da Missa quanto do Ofício. Essas leituras — ou seja, a própria vontade de Deus — são as que melhor iluminam nosso caminho para começarmos, desde já, a alcançar as metas que Ele quer de nós.

Pedro Farnés nos mostra como os modos antigos de ver as leituras bíblicas podem colocar em risco o fruto espiritual da nova organização da leitura da Bíblia, idealizada pela reforma litúrgica. Trata-se de conseguir, conforme a parábola de Cristo, não apenas trinta por cento, mas sim oitenta ou cem por cento de fruto da escuta da Palavra. E para isso é importante captar a intenção que há na organização de leituras ao longo do ano. Convida-nos a dar importância não tanto a nossas questões e interesses, mas à própria Palavra de Deus, e justamente na ordem e com a intensidade de matizes que ele mostra, e não a que nós desejaríamos, levados por uma perspectiva superficial. Trata-se de "celebrar a Palavra de Deus", e não tanto de nos servir dela para ilustrar algum tema ou responder a uma necessidade.

O panorama dos tempos do Ano Litúrgico e de suas leituras não é completo e exaustivo. Porém, considero que é preciosa a lição que, nestes capítulos, nos oferece Pedro Farnés. Pessoalmente, posso dizer que me abriu horizontes novos, e certamente, mais profundos, para meu aproveitamento da Palavra em seus diversos níveis de proclamação litúrgica. Ajudar alguém a entender melhor — digamos, teologicamente — o que faz é a melhor ajuda que se pode dar pastoral e espiritualmente.

AS LEITURAS BÍBLICAS ANTES E DEPOIS DO CONCÍLIO

A BÍBLIA, LIVRO INSPIRADO, VISANDO À CELEBRAÇÃO LITÚRGICA

Diferentemente do que ocorria há algumas décadas, a Bíblia está hoje habitualmente nas mãos da maioria dos fiéis. A Bíblia cumpre hoje para muitos cristãos um papel tanto de alimento espiritual quanto de tema de estudo para o aprofundamento da fé.

Mas é necessário reconhecer que, ao lado desse fato altamente positivo, se dá outro fenômeno não muito positivo: a maioria dos leitores recorre à Bíblia mais como um livro do qual extraem dados e menos como um escrito lido por si mesmo. As citações bíblicas são vistas principalmente como a informação, básica e fundamental, da tarefa teológica e da vida de oração. Para facilitar esse uso da Bíblia, muitos se servem inclusive de diversos índices e vocabulários de "teologia bíblica"; através deles, conseguem desentranhar com maior facilidade os diversos temas de teologia e de espiritualidade que se encontram nas páginas inspiradas.

Esse recurso freqüente à Bíblia, hoje generalizado, fez com que a teologia e a oração fossem atualmente muito mais "cristãs" que as de épocas passadas. Mas, por mais positivo e digno de elogio que seja esse fato, é preciso dizer que o uso fundamental da Bíblia não é precisamente esse. A Bíblia tem, fundamentalmente, uma finalidade diferente. Se Deus quis que sua Palavra revelada — a qual viveu primeiro em estado de tradição oral, tanto em Israel quanto na Igreja — passasse depois a fazer parte de um conjunto de livros, pelos menos diretamente, não foi visando à obtenção de dados para a teologia ou de temas para a oração pessoal, mas fundamentalmente à sua leitura comunitária na assembléia.

Dizendo de outra maneira: os livros bíblicos foram inspirados por Deus visando à celebração litúrgica. Essa leitura litúrgico-comunitária

8   A Mesa da Palavra

é, portanto, uma realidade intrínseca à Bíblia, não algo acrescentado posteriormente. Por isso, não é correto considerar a Bíblia primeiro como livro pré-existente e autônomo em si mesmo, e depois pensar em alguns lecionários litúrgicos que se organizam posteriormente, tomando diversas perícopes da Sagrada Escritura (como se pudessem ter sido tomadas de outros escritos); é preciso ver a própria Bíblia em sua quase totalidade (há algumas exceções, como a carta de Paulo a Filêmon) como Lecionário litúrgico. Usar a Escritura como leitura pessoal e como tema de estudo teológico é sem dúvida legítimo, mas secundário.

Há um fato, hoje comumente admitido pelos estudiosos, que confirma essa realidade. Na mesma época em que nascem as Sinagogas, são escritos também os atuais livros do Antigo Testamento. Essa coincidência se deve, sem dúvida, ao fato de que os livros bíblicos foram escritos precisamente visando à sua leitura no culto sinagogal da Palavra.

Algo muito parecido ocorre também em relação ao Novo Testamento. Foi para perpetuar a presença dos apóstolos e testemunhas do Senhor nas assembléias litúrgicas que se escreveram os evangelhos e as cartas apostólicas. O evangelho de Marcos, por exemplo, não é senão o resumo escrito da pregação de Pedro nas liturgias de Roma. E, se nos detivermos nas cartas de Paulo, deparamo-nos com um pano de fundo parecido; nelas achamos muitas alusões à sua leitura comunitária na assembléia; inclusive às vezes se manda que o escrito lido em uma comunidade seja lido depois em outras reuniões cultuais (cf. p. ex. Cl 4,16).

A BÍBLIA, LIVRO PARA SER LIDO NA MESMA PERSPECTIVA EM QUE FOI ESCRITO

Dizer que a Escritura deve ser lida, pelo menos fundamental e preferentemente, na mesma perspectiva em que foi escrita seria o óbvio ululante, a não ser pelo fato de que muitos parecem esquecer esse princípio.

Muito provavelmente, a mesma prática litúrgica de selecionar em determinadas ocasiões passagens concretas da Escritura — prática

As leituras bíblicas antes e depois do Concílio 9

antiqüíssima, sem dúvida alguma, mas posterior ao uso litúrgico primitivo, que consistia em usar os textos completos e seguidos — fez com que posteriormente se esquecesse na liturgia um princípio presente sempre em outros contextos: quando um autor escreve, o que pretende é que seu escrito seja lido na mesma ordem e com a mesma dinâmica nas quais ele compôs sua obra, e não que de seu escrito se extraiam e isolem determinadas passagens que depois podem destacar idéias marginais, ou inclusive alheias, ao que ele pretendia comunicar.

Esse respeito ao que um determinado autor pretende dizer é mais importante ainda quando, como em nosso caso, esse autor é Deus. Se Deus quer comunicar aos seres humanos seu pensamento e para realizá-lo inspira alguns livros com o intuito de que sejam proclamados nas assembléias de seu povo, é evidente que esses livros devem ser lidos com fidelidade à intencionalidade com que foram inspirados e escritos, ou seja, na dupla perspectiva de leitura contínua, capítulo após capítulo, e de leitura em assembléia comunitária. Essas duas características são *intrínsecas* à própria Bíblia, não simples notas acidentais. Dizer isso não significa negar que haja outros possíveis recursos à Escritura; a Bíblia, efetivamente, pode ser usada também com outras finalidades — responder, por exemplo, a determinadas questões teológicas, iluminar a própria espiritualidade com pensamentos extraídos da Palavra de Deus —, mas é necessário insistir em que a Bíblia é primordialmente para a liturgia e que, nesta última, encontra seu lugar mais apropriado.

Quando mais tarde foram compostos alguns livros chamados "lecionários litúrgicos", não se pretendeu fazer o livro litúrgico da assembléia, deixando a Bíblia para o estudo e paras as leituras individuais (visão que talvez alguns tenham hoje em dia); a finalidade de tais "lecionários" foi simplesmente organizar a leitura bíblica e facilitar uma distribuição equilibrada e completa de suas perícopes, de modo que fosse mais fácil escutar, através das diversas celebrações do ano, a mensagem de Deus a seu povo. A esse respeito é interessante lembrar que os mais antigos lecionários se chamavam *comes* ou *liber comicus*, títulos que significam "companheiro" (do leitor), e "livro que acompanha" (o leitor), porque esse ministro se servia dos pequenos volumes para saber como distribuir os textos durante o ano. Por isso, o

10   A Mesa da Palavra

Lecionário era, de fato, a Bíblia; o *comes* se assemelhava mais ao que atualmente chamamos "Diretório".

Hoje podemos nos alegrar de que a reforma litúrgica tenha devolvido aos novos lecionários seu caráter de serviço, recuperando sua funcionalidade ao visar a uma proclamação completa da Palavra de Deus, e não se limitando — como era desejo de alguns catequetas — a apenas alguns trechos isolados da Escritura que pretendiam propor determinados aspectos preferidos da teologia ou da catequese mais em voga em determinados ambientes ou momentos. É inegável que com esse procedimento se consegue um maior respeito à Palavra de Deus tal como Ele mesmo a quis inspirar. Apenas em casos fora do comum — nas grandes solenidades ou nas celebrações rituais — se combinam e se propõem leituras previamente selecionadas em relação a algum ponto doutrinal ou esquema celebrativo concreto.

AS LEITURAS, SITUADAS NO CONTEXTO DO LIVRO BÍBLICO

Se dermos uma simples passada de olhos nos comentários que acompanham os textos bíblicos para o uso dos fiéis na liturgia, descobriremos que a finalidade da maioria deles se limita a desentranhar o significado literal da perícope proclamada; a esse comentário exegético se acrescenta, no máximo, alguma reflexão sobre as atitudes pessoais a serem tomadas face à mensagem do texto. Por outro lado, da situação do texto no conjunto do livro e na dinâmica do Ano Litúrgico, pouco ou nada se costuma dizer.

É evidente que expor o significado literal de determinado texto litúrgico é interessante e inclusive fundamental. Mas acaba sendo insuficiente, porque os textos concretos dependem sempre do contexto, ou seja, do livro integralmente meditado e, por outro lado, freqüentemente os livros bíblicos foram situados na liturgia seguindo o dinamismo do ano da Igreja. Limitar-se apenas ao trecho isolado é, no fundo, um vestígio dos usos "pré-conciliares". Quando não existia a leitura litúrgica contínua, e a Escritura era lida na liturgia quase unicamente como vestígio histórico de épocas antigas, não era pos-

As leituras bíblicas antes e depois do Concílio　　　*11*

sível senão uma meditação isolada dos poucos trechos conservados na celebração.

Hoje, graças a Deus, a situação mudou. Por isso, "situar" os trechos no interior dos livros dos quais foram extraídos é muito enriquecedor; agora, efetivamente, é todo o livro ou sua parte mais importante que se proclama na liturgia em uma leitura completa ou, pelo menos, semicontínua.

OS LIVROS BÍBLICOS SITUADOS NO ANO LITÚRGICO

Além disso, há outra importante faceta que nos oferece atualmente a organização dos novos lecionários litúrgicos, e que talvez muitos desconheçam: referimo-nos à "situação" de cada um dos livros litúrgicos no dinamismo do Ano Litúrgico, em relação tanto à Missa quanto ao Ofício das Leituras.

Os livros da Escritura na celebração não são proclamados com a intenção única de ler materialmente a Bíblia (segundo essa suposição, a base dos lecionários seria muito simples: colocar neles os livros bíblicos na mesma ordem com que, desde antigamente, aparecem na Bíblia). Essa proclamação tem sobretudo a finalidade concreta e pedagógica de facilitar, através das leituras, a oração contemplativa do mistério de Deus e de Cristo. Por isso, determinados escritos bíblicos são reservados a tempos litúrgicos concretos,[1] enquanto outros livros são dispostos em uma determinada ordem com a finalidade de renovar a vivência da História da Salvação. Para isso, propõe-se a leitura de determinados livros depois da leitura de outros ou, inclusive, colocam-se determinadas partes de um escrito no interior de outro livro que está sendo lido, à maneira de parêntese explicativo.[2]

---

[1]　Assim, por exemplo, Isaías no Advento, o Cântico dos Cânticos e Colossenses no Natal, o Êxodo e o Deuteronômio na Quaresma etc.

[2]　Assim, Amós, Oséias, Isaías e Miquéias se situam no interior de Reis. Ageu, Zacarias e Neemias no interior do Deutero-Isaías etc. (cf. IGLH 152).

OS DIVERSOS LECIONÁRIOS RELACIONADOS ENTRE SI

Ainda hoje outra característica que convém explicitar: a interdependência que se dá entre as leituras semanais da Missa e as do Ofício das Leituras em seu ciclo bienal.[3] Essa interdependência, apesar de referida explicitamente pela Instrução Geral sobre a Liturgia das Horas (cf. IGLH 143), é pouco conhecida; captá-la devidamente é, sem dúvida, um dos melhores meios para evitar o perigo de dispersão que ameaça muitas pessoas e comunidades obrigadas a escutar simultaneamente vários ciclos de leitura bíblica (Missa semanal e dominical, Ofício das Leituras, leituras breves). Por escutar textos e mais textos, leituras e mais leituras, muitos ficam quase que angustiados, sem saber ao que prestar atenção, e acabam por se limitar a uma escuta apenas material.

No entanto, se for conhecido o pano de fundo do conjunto dos lecionários, se os diversos sistemas litúrgicos de leitura bíblica forem "situados" uns em relação aos outros, o conjunto será escutado com verdadeiro interesse; e, embora algumas vezes se dê a primazia a um determinado ciclo de leitura — à leitura contínua do Evangelho da Missa, por exemplo, ou à mais longa e completa do Ofício das Leituras —, as leituras restantes continuarão conservando seu interesse e serão vistas com uma função parecida ao papel que têm os instrumentos secundários em um grande conjunto orquestral: embora não dominem a melodia, suas notas tornam o concerto mais brilhante.

O PAPEL DA ESCRITURA NO ANO LITÚRGICO ANTES DO VATICANO II

Não pretendemos fazer aqui a história da liturgia; apenas pretendemos apresentar um quadro que mostre o que na realidade passaram

---

[3] Essa inter-relação entre as leituras semanais da Missa e as do Ofício das Leituras é impossível quando no Ofício se usa o Lecionário anual, pois o plano da Missa cobre dois anos, e o do Ofício apenas um; portanto, acaba sendo impossível encontrar a relação das duas leituras da Missa (ano par e ano ímpar) com a única que para o mesmo tempo é apresentada pelo Lecionário anual do Ofício.

As leituras bíblicas antes e depois do Concílio 13

a significar, faz apenas alguns poucos anos,[4] as leituras bíblicas na celebração. A simples evocação desse quadro e sua comparação com o que hoje oferecem os novos lecionários evidenciará até que ponto a reforma litúrgica deu à Escritura um tratamento não apenas quantitativamente mais abundante, mas também qualificativamente distinto e muito superior.

Por outro lado, a comparação nos alertará também do perigo que pode representar uma aproximação dos atuais lecionários com os próprios critérios com que se abordavam as leituras litúrgicas do Missal de são Pio V.

Objetivamente, a reforma dos lecionários já é uma realidade conquistada; mas, para viver o que eles significam e contribuem, requerem-se algumas atitudes subjetivas que às vezes ainda estão muito longe de serem conquistadas. Principalmente levando em conta que a maioria dos que hoje se servem dos novos livros litúrgicos — embora quase não o lembrem, pois assim depressa passa o tempo — foram tributários, nos anos de sua própria formação, de algumas práticas às quais vamos nos referir em seguida, certamente muito diferentes das atuais, e por isso, inclusive quase sem adverti-lo, é possível que sejam vistos como induzidos a usar os atuais lecionários com os mesmos critérios com que usavam os anteriores.

O ADVENTO

Vejamos, à maneira de simples exemplo, alguns poucos casos. Como se vivia o Tempo do Advento antes da reforma dos lecionários? Na realidade, qual a contribuição das leituras bíblicas para esse tempo?

O mais característico do Advento não costumava encontrar-se nas leituras; o que realmente dava seu ambiente às semanas que precediam o Natal eram antes alguns cantos como o *Rorate* (Das alturas orvalhem os céus e das nuvens que chova justiça), certos sinais de austeridade,

---

[4] A descrição que vamos fazer nos parágrafos seguintes sobre a precariedade de leituras bíblicas na celebração, embora a muitos pareça que trate de tempos remotos quase esquecidos, esteve vigente até o Advento de 1969.

ou inclusive de penitência, que convertiam essas semanas em uma pequena imitação da Quaresma (cor roxa; supressão de flores, do Glória, do *Te Deum*, da música instrumental; e, nos mosteiros e catedrais, algumas práticas características e muito solenes, como o canto das antífonas "Ó" nos últimos dias semanais).

Das leituras bíblicas desse tempo, apenas tinham um certo realce algumas poucas perícopes, como as do evangelho do "fim do mundo", a epístola "Vós sabeis em que tempo estamos, pois já é hora de despertar" (Rm 13,11, 1º domingo do Advento, Ano A), os evangelhos dominicais que apresentavam a pregação do Batista e os da Anunciação e Visitação nas têmporas. Em relação ao Ofício, tinham também certo realce as leituras breves; mas elas eram idênticas nos domingos e dias da semana, desde o começo do Advento até seu fim. Como se vê, um conjunto bem pobre.

O TEMPO DO NATAL

Em relação ao Tempo do Natal, o quadro não era muito diferente. Nesses dias, tinham um realce certamente grande os relatos evangélicos das grandes festas (Natal, Circuncisão, Epifania e dia de sua oitava), interpretados, a maioria das vezes, como uma simples história exemplar. Nos lugares onde as Matinas de Natal eram celebradas solenemente, também se dava certa importância às leituras desse Ofício (embora talvez mais por sua melodia característica que por sua mensagem bíblica, e sem distinguir muito, por outro lado, entre essas leituras bíblicas e as patrísticas que as seguiam).

Mas, ao lado dessas poucas leituras ou talvez acima delas, o que realmente "ambientava" o Tempo do Natal eram alguns cantos ou práticas como, por exemplo, nas paróquias as cantigas populares, a presença do presépio e da imagem do Menino Jesus; nas catedrais e mosteiros, a *Calenda* proclamada solenemente na Prima de 24 de dezembro, as Matinas da noite de 24 a 25, e alguns cantos especialmente belos e evocativos por seus textos e por sua melodia, como os três intróitos *Dominus dixit ad me* [O Senhor me disse: "És o meu Filho, eu hoje te gerei"] (Missa da Noite), *Puer natus est nobis* [Um menino nasceu para nós] (Missa do Dia) e *Ecce advenit* [Eis que veio o Senhor dos

As leituras bíblicas antes e depois do Concílio 15

senhores] (Epifania), o hino *Iesu, Redemptor omnium* [Jesus, Redentor de todos] ou o canto *Adeste, fideles*.

A QUARESMA

Na Quaresma, o panorama, no que diz respeito à Missa, era um pouco melhor: cada dia havia leituras próprias. Era o único ciclo que possuía riqueza. Contudo, essas leituras tinham sofrido algumas alterações lamentáveis (os grandes evangelhos dominicais, por exemplo, foram passados para os dias da semana, e em seu lugar vários dos domingos receberam leituras muito secundárias[5]), e a seleção de textos, pelo menos em grande parte, se devia mais ao culto dos santos titulares das igrejas romanas (aspecto, portanto, muito secundário e limitado apenas à cidade de Roma) e menos ao que significavam a conversão ou o mistério de Cristo morto e ressuscitado, para cuja celebração foi instituída a Quaresma.

No entanto, em relação ao Ofício Divino, a Quaresma pré-conciliar era, biblicamente, o mais pobre de todos os tempos, pois nem sequer conservou o vestígio da antiga leitura bíblica contínua, que nos outros tempos tinha permanecido nas Matinas. Em seu lugar eram lidos alguns trechos de homilias patrísticas sobre o evangelho do dia. Contudo, é preciso reconhecer que biblicamente o Tempo da Quaresma — pelo menos desde que em 1911 são Pio X restaurara as leituras semanais da Missa, ainda que com caráter apenas facultativo — tornou-se muito superior aos outros tempos do ciclo.

O TEMPO PASCAL

Na Páscoa se retornava à monotonia de antes da Quaresma: na Missa apenas havia leituras para os domingos e as duas festas de Ascensão

---

[5]   Assim, por exemplo, os evangelhos dos domingos III (autoridade de Jesus sobre os demônios) e V (discussões sobre a autoridade de Jesus) tinham substituído as importantes leituras do Filho Pródigo e da Samaritana, colocadas posteriormente nos dias de semana como conseqüência de simples vicissitudes históricas.

16   *A Mesa da Palavra*

e Pentecostes. Nos dias de semana se repetiam cada dia as mesmas leituras do domingo anterior. No Ofício, como nos tempos restantes, uma única série de leituras breves se repetia tanto nos dias de semana quanto nos domingos.

A "espiritualidade pascal" devia ser buscada, portanto, em outras práticas, não nas leituras; mas, como essas práticas não eram tão abundantes no Tempo Pascal como o eram no Advento ou na Quaresma, logo o Tempo Pascal deixou de ser visto como "tempo forte" do Ano Litúrgico[6] e, de fato, foi convertendo-se numa espécie de Tempo Comum, ocultado, dessa vez, quase totalmente por uma devoção popular que, na prática, obscurecia a ambientação pascal: o "Mês de Maria", que abarcava, de fato, a maior parte da Qüinquagésima.

O TEMPO COMUM

Mas onde a precariedade bíblica se notava mais era, sem dúvida, durante as longas semanas do Tempo Comum, então chamado Tempo de "depois da Epifania" e de "depois de Pentecostes".

O sistema de leituras bíblicas usado nesse período era o mesmo que descrevemos para o Advento e o Natal: repetição diária das mesmas leituras breves do Ofício e, ao que se refere à Missa, repetição nos dias semanais dos mesmos textos da Missa do domingo anterior.

Mas a essa pobreza no Tempo Comum se acrescentavam três agravantes quanto: (a) a repetição das mesmas leituras se estendia a um número muito maior de dias (praticamente a metade do ano); (b) o elenco de leituras dominicais não respondia a uma seleção, mas sim a um conjunto de vicissitudes fortuitas da história que tinha ocasionado, sem motivo aparente, a preferência de determinados trechos bíblicos; e (c) essas semanas não tinham sequer um fundo de cantos e práticas que formasse uma certa fisionomia ou desse cor a essas longas semanas do ciclo.

É verdade que a monotonia desses dias semanais, com leituras sempre idênticas às do domingo anterior, se "enriquecia" de algum modo

---

[6] Lamentavelmente, esse fenômeno persevera em muitas comunidades para as quais ainda os tempos litúrgicos fortes são apenas o Advento e a Quaresma. De fato, terminado o Tríduo Pascal, em muitas comunidades as celebrações parecem recuperar o ritmo de "Tempo Comum".

As leituras bíblicas antes e depois do Concílio 17

com as celebrações do santoral, que recobriam a maior parte dos dias de trabalho; mas esse "enriquecimento" era, de fato, muito relativo, pois para os santos se recorria quase sempre às leituras do comum, e esses comuns costumavam se repetir inclusive mais de uma vez em cada uma das semanas, de tal forma que, na realidade, era ainda mais "variado" recorrer à leitura do domingo precedente, a qual, no final das contas, se usava apenas durante uma semana, do que recorrer a alguns comuns que se repetiam, semana após semana, durante todo o ano.

Também é verdade que, desde que são Pio X restaurou a leitura semanal das Matinas (1911), inclusive para as festas menores dos santos, passou a existir como um "oásis" de variedade nas leituras litúrgicas do Tempo Comum. Mas esse "oásis" era mais aparente que real e não chegou a solucionar o problema de encontrar um alimento bíblico suficiente. E isso por duas razões: primeiro, porque essas leituras eram utilizadas somente pelos ministros ordenados e alguns contemplativos,[7] o que lhes dava pouco realce — não se repete infelizmente esse fenômeno em nossos dias, em que o melhor dos lecionários litúrgicos, o do Ofício das Leituras, não alcança o realce que mereceria precisamente porque está colocado em um Ofício utilizado apenas por poucos fiéis? —;[8] segundo, porque essa leitura, a única realmente variada e relativamente contínua, não era o fruto de uma atenta seleção das melhores páginas bíblicas, mas sim o resultado fortuito de conservar para cada dia as frases iniciais com que começava a leitura nos tempos em que através do ano se lia integralmente toda a Escritura.

A RESPOSTA DOS FIÉIS DIANTE DA POBRE RELAÇÃO ENTRE BÍBLIA E ANO LITÚRGICO

Vimos até aqui o que na realidade ofereciam os lecionários litúrgicos na época pré-conciliar: uma pobre e limitada mensagem nos tem-

---

[7] Dizemos "alguns contemplativos" porque no Breviário Monástico (que usavam todos os seguidores da Regra de São Bento), durante a maior parte do Tempo Comum, nas Matinas só havia uma leitura breve.

[8] Dizemos que o Lecionário do Ofício das Leituras é o melhor dos promulgados pela reforma litúrgica porque é o único que oferece, ao longo de dois anos, o conteúdo moralmente integral de toda a Escritura (nos referimos ao Lecionário bienal, não ao anual, que figura na edição brasileira e que repete metade da Bíblia todos os anos, esquecendo totalmente a outra metade).

18 A Mesa da Palavra

pos fortes, reduzida quase que exclusivamente às leituras dominicais (com uma riqueza um pouco mais abundante na Quaresma, na qual havia também leituras semanais) e outras poucas perícopes, estas sem mensagem unitária e sem critérios de seleção, repetidas sem cessar durante a maior parte do ano.

Diante dessa situação, a vida espiritual dos fiéis foi transcorrendo quase sempre por caminhos diferentes dos da liturgia.

a) Nas grandes festas, as únicas que conservavam leituras ricas em um conteúdo que geralmente respondia bem ao mistério celebrado (Natal, Epifania, Páscoa, Ascensão, Pentecostes, São Pedro etc.), o povo respondia fazendo da mensagem bíblica o centro de sua espiritualidade.

b) Nos domingos dos tempos fortes, nos quais a mensagem das leituras, embora extremamente pobre,[9] conservava geralmente o espírito do tempo, as leituras continuavam influindo nas homilias e na vida dos fiéis.

c) Nos demais domingos do ano, a realidade já não era tão simples: as homilias costumavam conservar ainda como tema o evangelho dominical, mas como os textos evangélicos eram poucos e muito dispersos, a pregação tendia a se tornar "autônoma" — mais que comentar o evangelho, se tomava o pretexto de alguma de suas frases para explicar algum aspecto da vida cristã — e freqüentemente tomava acentos moralizantes. As pessoas piedosas geralmente faziam sua oração totalmente à margem das leituras evangélicas, seguindo, como nos outros dias, algum autor espiritual.

d) Outro fenômeno com que se respondia à pobreza do Lecionário era a tendência, cada vez mais forte — e que freqüentemente estava respaldada por decretos episcopais —, de substituir o comentário evangélico por alguns pontos doutrinais, à margem totalmente da Bíblia e da liturgia, mas que, pelo menos, eram mais "completos", "variados"

---

[9] Para descobrir a hoje inconcebível pobreza desse Lecionário, inclusive no que se refere aos tempos fortes, é suficiente comparar, à maneira de exemplo, o antigo Lecionário do Advento, que tinha apenas oito perícopes (quatro epístolas e quatro evangelhos; o gradual não podia ser chamado "leitura", porque se limitava a um ou dois versículos), com o atual, que tem quarenta e oito (três leituras e um salmo para cada um dos quatro domingos, multiplicados por três ciclos).

As leituras bíblicas antes e depois do Concílio 19

e orgânicos que as dispersas leituras dominicais. Se levarmos em conta que naqueles tempos a homilia ou "ponto doutrinal" era o alimento mais habitual da vida espiritual dos fiéis, não é difícil imaginar até que ponto esta última se encontrava distanciada da Escritura.

e) Ao que se refere aos dias da semana, a resposta aos fiéis à pobreza dos lecionários era ainda mais significativa: por um lado, nesses dias não havia nunca homilia e, portanto, não se fazia a mínima referência às leituras; por outro, junto com o Ano Litúrgico, havia se desenvolvido um segundo "ano popular" de devoções, que dificilmente alguém se atreveria a omitir ou a submeter à liturgia: em dezembro, a Novena à Imaculada; coincidindo em grande parte com a Quaresma, os sete domingos de São José e as "via-crúcis" geralmente dominicais; coincidindo em boa parte com o Tempo Pascal, o Mês de Maria; a ele seguia o mês do Sagrado Coração (entre ambos se colocava ainda a Novena ao Espírito Santo); no mês de outubro, o Rosário, meditado e acompanhado de outros exercícios; em novembro, as pregações pelos finados. Se for levado em conta que em todas essas práticas predominavam as meditações, a pregação, os cantos, pouco restava para as leituras bíblicas do Ano Litúrgico.

AS LEITURAS BÍBLICAS, RESSALTADAS PELO MOVIMENTO LITÚRGICO

Nos inícios do Movimento Litúrgico se começou a notar um certo desejo de viver mais intensamente a liturgia; mas entre as pessoas piedosas — nos seminários e mosteiros, por exemplo — não se podia pensar em que esse renascimento litúrgico prejudicaria a "vida de piedade" centrada nas práticas a que aludimos. Apesar das boas intenções, enfrentava-se a pobreza bíblico-litúrgica a que nos referimos antes. Inclusive quando se generalizou o uso dos missais para os fiéis, e estes últimos "seguiam" diariamente a Missa, entendendo as leituras e orações, era difícil pretender que a vida de oração se alimentasse unicamente de algumas leituras que agora já podiam ler de maneira inteligível em seus missais, mas que se repetiam monotonamente dias e mais dias.

20   *A Mesa da Palavra*

Houve certamente ensaios — livros de meditação[10] ou de formação litúrgica[11] que tentaram extrair a seiva dos poucos textos bíblicos proclamados na liturgia; mas, por um lado, era difícil extrair de uns poucos textos isolados e insistentemente repetidos um verdadeiro alimento espiritual, e, por outro, o mesmo esforço centrado em extrair de uns poucos textos idéias variadas e vitalidade suficiente para alimentar a vida cristã teve finalmente repercussões negativas — que infelizmente perduram ainda em muitos fiéis —, pois levou a isolar de seu contexto as poucas perícopes empregadas na liturgia, induzindo a analisar esses textos com excessivo detalhe, insistindo em tirar deles conseqüências às vezes forçadas, como se necessariamente toda a mensagem cristã tivesse que se encontrar nos poucos textos que, como vimos, apenas casualmente tinham passado a fazer parte dos lecionários litúrgicos.

A RESPOSTA DOS FIÉIS À NOVA SITUAÇÃO

Hoje os livros litúrgicos foram objetivamente melhorados, e as deficiências que lamentamos foram sanadas. Mas a maioria dos fiéis apresenta-se diante dos novos lecionários litúrgicos quase com a mesma atitude com a qual o Movimento Litúrgico iniciou seus seguidores, quando a liturgia oferecia apenas alguns poucos textos. Ou seja, os textos litúrgicos continuam sendo analisados quase sempre de maneira exclusivamente isolada e às vezes inclusive forçadamente artificial.

Hoje a resposta deveria ser outra, sintetizada nos seguintes pontos que desenvolveremos em capítulos sucessivos: (a) a Escritura não é um dos "adornos" que colorem a celebração litúrgica e que cada um pode "utilizar" a seu gosto para ambientar as celebrações, mas é um de seus elementos constituintes; (b) é preciso "situar" as leituras bíblicas nos livros dos quais foram selecionadas; (c) é necessário distinguir os diversos sistemas de leitura empregados na liturgia: leitura contínua, leituras selecionadas, sistemas mistos; livros relacionados com o tempo litúrgico, livros relacionados com o processo da História da Salvação,

---

[10]   P. ex., BAUR, B. *Sed luz*. Barcelona, Herder, 1960.

[11]   P. ex., PARSCH, P. *O Ano Litúrgico*. Barcelona, Litúrgica Española, s.d.

As leituras bíblicas antes e depois do Concílio 21

livros relacionados com o progresso da revelação; (d) é preciso insistir tanto na mensagem de cada escrito bíblico em geral, quanto nos aspectos mais particulares da leitura concreta, e principalmente enlaçar ambos os aspectos nos ciclos de leitura contínua.

Esperamos que estas reflexões ajudem nossos leitores a realizar em sua vida cristã aquele voto que o Vaticano II já formulou: "Para promover a reforma, o progresso e adaptação da Sagrada Liturgia, é necessário, por conseguinte, desenvolver aquele amor suave e vivo da Sagrada Escritura de que dá testemunho a venerável tradição dos ritos tanto orientais como ocidentais" (SC 24), com a convicção de que ela, junto com os ritos sacramentais, constitui o núcleo fundamental da celebração da Igreja.

MODOS DE CELEBRAR
A PALAVRA SEGUNDO OS
NOVOS LIVROS LITÚRGICOS

LEITURA BÍBLICA E CELEBRAÇÃO LITÚRGICA

A Igreja conheceu, desde o final do século XIX, dois grandes movimentos que a rejuvenesceram notavelmente: o bíblico e o litúrgico. As trajetórias de ambos seguiram no princípio caminhos paralelos, sem que se desse entre eles quase nenhuma inter-relação enriquecedora.

Basta dar uma passada de olhos nos grandes documentos do Magistério para detectar esse fenômeno. Nem as grandes encíclicas bíblicas *Providentissimus Deus* (1893), *Spiritus Paraclitus* (1920) e *Divino Afflante Spiritu* (1943) aludem à proclamação litúrgica da Escritura, nem por sua vez os documentos do renascimento litúrgico — começando por sua carta magna, a encíclica *Mediator Dei* (1947) — parecem muito preocupados com o papel da Bíblia no interior da celebração.

Não obstante, é preciso afirmar não apenas que a leitura bíblica é fundamental na celebração, mas também que a Bíblia tem sua última e principal razão de ser nas assembléias cristãs, nas quais precisamente nasceu e em cujo âmbito alcança sua maior expressividade.

Tanto os livros do Antigo Testamento quanto os do Novo tiveram sua origem, como já dissemos, nas celebrações e foram escritos visando a seu uso nas assembléias litúrgicas.

E tal como foram escritos — ou melhor, *tal como hoje os temos* — assim eram proclamados, de maneira integral e contínua, nas assembléias litúrgicas. Por isso, podemos afirmar que primitivamente os códices da Bíblia eram, de fato, lecionários litúrgicos.

A mais antiga alusão que chegou até nós sobre as leituras bíblicas na assembléia eucarística — a *Apologia* de são Justino († 165) — descreve precisamente essa maneira de proceder: "No dia que se chama do sol os cristãos se reúnem em um mesmo lugar [...] e são lidos os comentários dos apóstolos e os escritos dos profetas pelo tempo que se pode" (*Apologia* I,67). Por outro lado, essa maneira de ler os livros bíblicos — integralmente e por ordem de capítulos — é a mais normal para a Bíblia, como também para qualquer outro escrito.

Mas, com o passar do tempo — e a julgar por alguns dados que possuímos —, algumas das páginas da Escritura foram reservadas para dias determinados. Também a Sinagoga usava esse procedimento desde antigamente em relação ao Antigo Testamento.

Entre as diversas antologias de textos reservados para circunstâncias concretas, cabe assinalar, sobretudo, a seleção de perícopes da Vigília Pascal, a leitura dos Atos dos Apóstolos durante a Qüinquagésima pascal, a proclamação do evangelho de João nas semanas que precedem e seguem ao Domingo da Páscoa etc. O fato de que essas leituras se encontrem nos mesmos dias em todos os ritos é sinal de que os textos citados já estavam destinados a cada um desses dias antes que as diversas liturgias fossem diferenciadas, ou seja, antes do século IV ou V.

Por isso, podemos concluir que muito cedo, face à leitura habitual que a Escritura proclama de maneira contínua e integral, começam a ser usados alguns lecionários com perícopes selecionadas, ainda que apenas para ocasiões determinadas.

OS LECIONÁRIOS LITÚRGICOS ATRAVÉS DA HISTÓRIA TENDEM A SE EMPOBRECER

Não podemos traçar aqui uma história pormenorizada do que aconteceu posteriormente com as leituras bíblicas na celebração. Sinteticamente, resumiríamos desta maneira: apesar de haver leituras selecionadas para poucos dias, a norma geral foi a de ler a Escritura como leitura seguida na maioria das assembléias.

Contudo, logo surgiu um primeiro atentado contra a leitura integral da Bíblia: foi provavelmente quando desapareceram as primitivas celebrações da Palavra das quartas e sextas-feiras;[1] com isso a trama

---

[1]   Já no início do século II a Didaqué alude a uma reunião às quartas e sextas-feiras. Em Alexandria, na metade do século V, existia também às quartas e sextas-feiras uma assembléia na qual se celebrava apenas a Palavra (cf. Sócrates, *História Eclesiástica* 5,22). Parece que no tempo de são Leão Magno ocorriam também em Roma as celebrações da Palavra das quartas e sextas-feiras.

Modos de celebrar a Palavra segundo os novos livros litúrgicos 25

original de leituras ficou desprovida pelo menos de dois terços de perícopes.[2]

Mais tarde um segundo fenômeno se junta ao primeiro empobrecimento: os povos que progressivamente iam sendo incorporados à Igreja vinham de ambientes muito distanciados do mundo da Bíblia e, por outro lado, a iniciação do antigo catecumenato, que teria podido sanar essa deficiência, foi enfraquecendo progressivamente até sua total desaparição. Com isso, o mundo bíblico ficou cada vez mais distante da compreensão popular, e conseqüentemente as leituras bíblicas passaram a ser cada vez menos atrativas.

Um terceiro fenômeno veio se juntar aos que citamos: a perda progressiva da compreensão do latim, que, entre os séculos VIII e XII, fez com que as leituras bíblicas, já difíceis aos novos povos alheios à mentalidade da Escritura, agora fossem de todo ininteligíveis.

Sendo assim, a Palavra de Deus se viu praticamente desvirtuada, e nesse novo contexto a única coisa que restou foi a estrutura de "ler a Bíblia", sem que houvesse muito interesse nem pelo modo nem pelo conteúdo que essa leitura devia oferecer.

O RENASCIMENTO BÍBLICO-LITÚRGICO DO VATICANO II

Se até aqui aludimos às vicissitudes pelas quais transcorreu a história da proclamação da Palavra de Deus, não foi certamente com o desejo de oferecer alguns dados de simples erudição.

Nosso objetivo foi outro: quisemos oferecer algumas notas introdutórias que ajudassem a captar, da maneira mais correta possível, a intencionalidade e as características dos novos lecionários litúrgicos, que se situam na mais genuína tradição e querem velar pela devida funcionalidade da proclamação da Palavra.

É inegável que os documentos do Vaticano II e a reforma subseqüente dos lecionários litúrgicos se situam em um ambiente muito diferente ao

---

[2] Quando desapareceram as celebrações das quartas e sextas-feiras, muito provavelmente cada um dos dias de celebração já tinha suas leituras designadas. Com isso, a leitura dos domingos, omitidas as correspondentes às quartas e sextas-feiras, perderam seu caráter de contínuas.

26   *A Mesa da Palavra*

das grandes encíclicas bíblicas e ao da encíclica *Mediator Dei*. A inter-relação que liga a Bíblia e a liturgia é hoje plenamente satisfatória. Um simples passar de olhos às respectivas Constituições sobre a Revelação (*Dei Verbum*) e sobre a Liturgia (*Sacrosanctum Concilium*) evidenciam até que ponto os contatos entre Bíblia e liturgia foram detectados.

A *Dei Verbum*, por exemplo, ao se referir ao papel que corresponde à Escritura na vida dos fiéis, preocupa-se primeiramente — ali onde as anteriores encíclicas falavam da teologia, da catequese e da normativa moral — com a função que a Bíblia tem no interior da celebração (cf. DV 21). Por sua vez, a Constituição sobre a Liturgia não faz apenas contínuas referências à função da Escritura no interior da celebração, mas cria inclusive uma expressão, antes totalmente desconhecida, que chegou a ser já comum: "Liturgia da Palavra" (cf. SC 56).

Portanto, temos agora não apenas um Movimento Litúrgico e um Movimento Bíblico, mas uma liturgia que celebra a Palavra de Deus como um de seus componentes, e não apenas que "se serve da Palavra de Deus" para seus "ritos". Hoje, quando entramos no lugar da assembléia, não apenas vemos destacado o altar como lugar litúrgico, mas contemplamos também o ambão, do qual se proclama a Palavra, e a cátedra, da qual aquela é comentada: isso já é um símbolo do enriquecimento conquistado. Mas falta ainda que ao progresso obtido objetivamente se acrescente a captação subjetiva desse valor por parte dos fiéis: falta que todos descubram o conteúdo e a finalidade genuína dos respectivos lecionários.

CELEBRAR A PALAVRA, PRIMEIRA FINALIDADE DOS LECIONÁRIOS LITÚRGICOS

A afirmação deste subtítulo pode parecer óbvia. Contudo, pensamos que expressa uma realidade que nem todos captaram de maneira suficiente.

Com muita freqüência, aflora em não poucos lugares uma prática que responde ao enfoque pré-conciliar de "servir-se da Palavra" em lugar de "celebrar a Palavra". O fato freqüente de recorrer à Bíblia para *selecionar* nela, segundo o próprio critério, aqueles textos que melhor

Modos de celebrar a Palavra segundo os novos livros litúrgicos 27

expressam o que alguém quer celebrar já é um sintoma de como a Bíblia continua sendo vista mais como uma simples antologia de textos que *podem ser utilizados* na celebração, do que como a Palavra celebrada como um dom gratuito de Deus a seu povo.

O Vaticano II quis fomentar na vida da Igreja "aquele amor suave e vivo da Sagrada Escritura que dá testemunho a venerável tradição dos ritos tanto orientais como ocidentais" (SC 24); mas esse amor objetivo à Palavra é, sem dúvida, muito mais que um simples "servir-se" de algumas de suas páginas que em ocasiões determinadas possam nos agradar para iluminar nossas preocupações pessoais; pode ser enriquecedor que dois noivos, por exemplo, se sirvam da Bíblia para expressar diante de seus amigos o que *eles* sentem do amor e como esse seu sentimento é ratificado por Deus. Mas construir toda a Liturgia da Palavra do matrimônio com essa intencionalidade já é muito mais discutível.

E seria evidentemente inaceitável se a prática de selecionar os textos passasse a ser habitual; se um grupo de fiéis, por exemplo, se acostumasse a selecionar as leituras de cada celebração em função do que o grupo vive, em lugar de tentar celebrar na contemplação o que Deus quer comunicar-lhe.

Portanto, distinguir claramente entre "celebrar a Palavra" e "servir-se da Palavra" é uma tarefa urgente e um ponto de partida absolutamente necessário se se quiser viver a dinâmica que os novos lecionários litúrgicos apresentam.

AS DIRETRIZES DO CONCÍLIO A RESPEITO DOS LECIONÁRIOS

Quando em 1963 foi promulgada a Constituição sobre a Liturgia, o uso da Palavra tal como a conheciam os bispos era mais que restrito; como vimos anteriormente, mal restavam uns poucos vestígios do que a proclamação da Palavra de Deus tinha sido em tempos anteriores.

Naquele contexto de pobreza bíblica, não se podia cogitar que a própria assembléia conciliar abordasse rapidamente as diretrizes e a confecção dos lecionários litúrgicos. Os bispos nem tinham tempo nem possibilidades humanas para uma empresa de tal envergadura. A assem-

28   *A Mesa da Palavra*

bléia conciliar se limitou, portanto, a algumas orientações, deixando para os trabalhos que deviam seguir ao Concílio as concretizações que apenas os especialistas poderiam realizar devidamente. Mas o que de fato o Concílio fez — e é preciso reconhecer que o realizou de modo realmente iluminador e orientador — foi traçar as diretrizes da futura reforma.

O primeiro aspecto destacado pelo Concílio foi a necessidade de restaurar o antigo *amor objetivo à própria Palavra*, do qual já falamos. Para isso, era preciso velar por alguns aspectos esquecidos nos últimos séculos. A maior abundância de textos proclamados e o cuidadoso tratamento das perícopes constituíam dois pólos absolutamente imprescindíveis.

Maior abundância de leituras porque, como vimos mais acima, com o passar do tempo e por diversas causas, os lecionários foram se empobrecendo; cuidadoso tratamento na *seleção de perícopes* porque as diversas vicissitudes históricas nos tinham legado, de fato, um Lecionário litúrgico construído com base em trechos que tinham sido incorporados à liturgia por circunstâncias, na sua maioria, meramente fortuitas. A esses pontos — amor objetivo à Palavra, maior abundância de textos e mais cuidada seleção de leituras —, o Concílio acrescentou outra faceta importante: a busca de uma pedagogia que facilitasse a compreensão da mensagem.

Talvez um dos parágrafos em que de modo mais claro aparece a intencionalidade do Concílio é o que trata das leituras da Missa. Nele se insiste sobretudo em duas coisas: que a distribuição das leituras abarque um *período superior ao tradicional de um ano* e que se consiga um tratamento que diferencie entre as *partes mais significativas* da Bíblia (cf. SC 51) e as que não têm um conteúdo tão central. Com ambas as notas se supera a pobreza dos antigos lecionários, nos quais o ciclo anual mal permitia uma apresentação reduzida e fazia com que no Lecionário faltassem freqüentemente as partes mais importantes da Escritura.

A distribuição dos escritos bíblicos nos novos lecionários obedece a critérios matizados, complexos e múltiplos, cujo conhecimento pode esclarecer muito a compreensão dos textos proclamados através do Ano Litúrgico. Pensamos que o cuidado com que foram tratadas as diversas seções dos lecionários já é por si um sinal eloqüente do lugar privilegiado ocupado hoje pela Escritura nos novos livros litúrgicos.

Modos de celebrar a Palavra segundo os novos livros litúrgicos 29

LEITURAS LONGAS E LEITURAS BREVES

Eis aqui uma primeira distinção que, embora materialmente não seja nova, o é quanto ao enfoque com que hoje se apresenta esse duplo gênero de leituras nos novos livros litúrgicos.

Prescindindo da origem histórica que possam ter tido as leituras breves, hoje a reforma optou por lhes dar uma finalidade própria e muito diferente da que têm as demais leituras bíblicas. Esse extremo passa talvez desapercebido a não poucas pessoas e por isso vale a pena destacá-lo.

As leituras breves não pretendem, como as demais leituras, dar um conhecimento da mensagem *em si mesma*, mas sim *inspirar um pensamento concreto* com intensidade *e colocar em relevo determinadas palavras* (cf. IGLH 45). Disso tira-se uma conseqüência evidente: essas leituras de maneira alguma devem se prolongar, pois, se lhes forem acrescentadas outras frases, possivelmente o pensamento que se quis destacar perderá seu relevo.[3]

Outra conseqüência facilmente depreendida também da finalidade das leituras breves é que nem todo texto da Bíblia está apto a realizar a função reservada a essas leituras. Por isso é preciso dizer que, se, por um lado, é aconselhável *buscar* uma frase bíblica apropriada quando se trata de uma celebração especial e concreta, por outro, nunca é recomendável afastar-se dos textos selecionados pela Liturgia das Horas sem antes fazer uma busca cuidadosa.

LEITURA CONTÍNUA E LEITURAS SELECIONADAS

Esta é, sem dúvida, a distinção mais fundamental introduzida pela reforma litúrgica nas maneiras de ler a Escritura. Efetivamente, embora a leitura contínua, por sua realidade objetiva e por sua antigüidade histórica, seja a mais fundamental e primitiva, de fato sua restauração foi

---

[3] Por outro lado, é possível substituir a leitura breve por uma leitura longa. Cf. IGLH 46. Mas para a seleção da leitura longa, deverão ser seguidos critérios distintos, e não certamente o de acrescentar alguns poucos versículos à leitura breve, selecionada unicamente em razão da frase que quer destacar.

30   A Mesa da Palavra

uma novidade de nossos dias, pois antes da reforma era praticamente desconhecida; e ainda muitos são os que não acabaram de descobrir a novidade que representa sua restauração, e, na prática, continuam tratando indiscriminadamente a leitura contínua como as demais leituras da celebração.

A leitura contínua tem como finalidade própria aprofundar a mensagem revelada *em si mesma*. Parte do que Deus disse ao ser humano contempla o plano de Deus sob *aquelas mesmas proporções* com que Deus o deu a conhecer, se extasia diante da *Palavra em si mesma*, sem outra preocupação que a de contemplar o que Deus diz, desejosa de não perder nenhum dos matizes com os quais Deus falou. Não apenas se esforça por conhecer o que Deus disse, mas tenta vivê-lo *na mesma proporção* com que Deus o propôs; "celebrar" a Palavra em toda a sua plenitude é o modo que menos perigo apresenta de "manipular" a mensagem inspirada segundo os próprios gostos e critérios.

Por isso, não causa estranhamento o fato de que a leitura contínua seja, por um lado, a maneira mais antiga de ler a Bíblia na Igreja, e, por outro, a mais habitual nos usos da liturgia reformada. Principalmente nos domingos (evangelhos) e nos dias semanais do Tempo Comum (ambas as leituras).

A leitura selecionada, no entanto, parte de outros pressupostos. Essa maneira de ler a Escritura, precisamente porque não parte tanto do que *Deus disse* quanto do que *o ser humano busca*, nem é tão importante, nem pode ser tão habitual na celebração. Podemos dizer que esse sistema é usado quando se trata de uma celebração centrada antes em algo projetado pelo próprio ser humano — no caso de uma realidade cristã, como seria a festa do Natal, pois também a celebração dessas festas foi o ser humano quem imaginou —, que quer buscar na Palavra uma resposta a suas próprias preocupações.

Precisamente porque nessas celebrações se parte de um *tema determinado previamente*, é nelas que se torna possível buscar uma concordância de *todas as leituras* ao redor das mesmas idéias, algo irrealizável quando se trata de ler um livro em sua continuidade.

A motivação pela qual se selecionam diversas perícopes da Escritura pode ser de índole muito diversa: uma festa cristã (Natal, o aniversário de um santo), um acontecimento eclesial (a ordenação de um

Modos de celebrar a Palavra segundo os novos livros litúrgicos 31

ministro, a morte de um irmão), uma realidade simplesmente humana (o início do ano letivo, o dia da paz). Evidentemente que essa maneira de proceder é legítima e denota a fé daqueles que buscam na Palavra a única resposta definitiva às próprias questões; mas é preciso dizer que, contudo, esse modo de escutar a Palavra nem é tão fundamental, nem tão dócil ao plano de Deus como o é a leitura contínua, que parte *exclusivamente* do que Deus diz, sem pressupostos nem planos prévios.

Por isso a Igreja habitualmente escuta a Palavra como leitura contínua, e apenas esporadicamente seleciona as leituras. Porque, no fundo, a Igreja quer assemelhar-se a uma noiva apaixonada que atende simplesmente ao que seu Senhor diz, à maneira como o fazia a irmã de Marta, ou como Samuel, que repetia: "Fala, Senhor", não importando o que lhe seria comunicado.

TRÊS INTENSIDADES DIFERENTES NA LEITURA CONTÍNUA

No breve esboço histórico, que traçamos anteriormente, fizemos alusão tanto ao costume primitivo das comunidades de lerem integralmente a Escritura, quanto à posterior deterioração dessa prática. Mas o que ali não dissemos é que, junto ao progressivo abandono da leitura contínua, apareceu também uma progressiva abreviação dos textos lidos.

Quando o Concílio optou por restaurar a leitura contínua, encontrou-se com o costume, já secular, de algumas leituras sempre muito breves; nesse contexto, dificilmente se podia pensar em uma proclamação integral da Escritura, nem ainda na sugestão do próprio Concílio de um ciclo que abarcasse vários anos (cf. SC 51).

Por outro lado, é inegável que, por mais que toda a Bíblia seja autêntica Palavra de Deus, isso não significa que todas as suas páginas sejam igualmente importantes.

Desse modo, pela primeira vez na história, pensou-se em uma gradação na seleção de textos bíblicos que diferenciasse as partes mais importantes das secundárias. Essa gradação não significa uma *preferência por determinados temas* em torno dos quais se ordenariam as perícopes, mas simplesmente uma seleção, no interior de cada livro e *seguindo a dinâmica do mesmo*, daquelas partes que forem as centrais para dar a mensagem de cada um dos livros. Essa opção, portanto, ao contrário do que ocorre quando se selecionam as leituras visando a um tema previamente escolhido, de maneira alguma "manipula" os escritos bíblicos, mas realiza simplesmente, com pleno respeito para com a Escritura, a decisão do Concílio de proclamar "as partes mais significativas da Sagrada Escritura" (cf. SC 51).

As maneiras concretas segundo as quais se levou a cabo a distinção desejada pelo Concílio entre partes centrais e partes mais periféricas da Bíblia são difíceis de serem expostas brevemente. Digamos que os diversos lecionários litúrgicos propõem como três graus ou intensidades na apresentação da Mensagem.

Um primeiro grau — ao qual, seguindo uma nomenclatura escolar, poderíamos chamar "fundamental" — é constituído pelo Lecionário dominical da Missa, que apresenta, para as Missas dos dias festivos e distribuído em três anos, as linhas fundamentais da revelação cristã.

Uma segunda apresentação, já mais completa — poderíamos chamá-la de "grau médio" — nos é oferecida pelo Lecionário semanal da Missa.

Finalmente, o Lecionário bienal (cf. IGLH 146-152) da Liturgia das Horas apresenta o conteúdo moralmente integral de toda a revelação bíblica; poderíamos dizer que esse Lecionário bienal é o "grau superior".

CELEBRAR A PALAVRA ATRAVÉS DO ANO LITÚRGICO

"Celebrar a Palavra" através do Ano Litúrgico é a finalidade principal dos novos lecionários litúrgicos. Mas é preciso reconhecer que são ainda poucos os que captaram esse ideal. Transcorreram muitos séculos ao longo dos quais as leituras bíblicas foram um simples anexo nas celebrações realizadas totalmente no altar, através de ritos sacramentais, para pretender que apenas a promulgação de alguns lecionários, que apresentam de modo dinâmico e organizado a mensagem bíblica, seja

Modos de celebrar a Palavra segundo os novos livros litúrgicos 33

suficiente para captar suas linhas mestras. Infelizmente a maioria dos fiéis continua escutando e os diversos ministros proclamando e comentando na homilia as leituras como se se tratasse ainda de perícopes válidas em si mesmas, não inseridas em um Lecionário que pretende apresentar, domingo após domingo, dia semanal após dia semanal, ano após ano, de maneira contínua, as diversas facetas e etapas da revelação cristã.

Mas é necessário tender para esse ideal, o único que nos pode levar a um conhecimento pleno e a uma vivência total da Palavra que nos foi dada.

Para tal, pensamos que o *primeiro passo* é superar a tentação — muito freqüente ainda em muitos ambientes — de se limitar a um "servir-se da Palavra" para determinadas finalidades (iluminar as próprias idéias, buscar uma ajuda para a catequese, orientar os estudos etc.). Tudo isso é legítimo, sob a condição de que seja secundário e nunca habitual nas celebrações. "Celebrar a Palavra" é colocá-la no centro, é deixá-la falar sem planos próprios pré-concebidos, é principalmente dar o lugar principal à leitura contínua em seus diversos níveis (dominical, semanal, da Liturgia das Horas).

Um *segundo passo* é, para os que seguem vários ciclos simultaneamente, conjugar equilibradamente os diversos níveis de leitura. É preciso cuidar para que nenhuma leitura bíblica resvale sem conseguir ao menos alguma ressonância espiritual; o que não se pode pretender é que todos aqueles que seguem simultaneamente vários ciclos de leituras consigam o mesmo nível de vivência e aprofundamento. Um ciclo, por exemplo, pode constituir tema de um aprofundamento pleno (pode ser objeto, por exemplo, da oração pessoal e inclusive de algum estudo bíblico), enquanto outros podem servir de simples recordação suave de facetas que em outras ocasiões já foram aprofundadas. De um ano para outro (ou de anos, de um ciclo para outro) pode-se variar o Lecionário tomado como básico, e assim sempre irão enriquecendo-se não apenas os conhecimentos bíblicos, mas também a própria vida espiritual.

Um *terceiro passo*, necessário para todos, é a clara distinção entre o que é leitura contínua e o que, pelo contrário, são textos selecionados ou antologias de textos: habitualmente, tanto na Missa quanto no Ofício, o Lecionário nos oferece uma leitura contínua, que vai seguindo a dinâmica de cada livro; mas nas festas, por exemplo, são escolhidos alguns textos para iluminar, com base em todas as leituras do dia, o mistério celebrado; por isso, nesses dias — mas apenas neles — as diversas leituras têm um único tema, o da festa, e todas as leituras concordam, portanto, entre si.

Em outras ocasiões não é uma festa que seleciona determinadas leituras, mas todo um tempo: assim a oitava da Páscoa seleciona as diversas aparições do Ressuscitado ou os primeiros dias semanais do Advento selecionam, com referência aos textos evangélicos, algumas perícopes que iluminam a mensagem de Isaías; nesses casos, não temos leitura contínua, e portanto as leituras serão tomadas sob um prisma muito diferente: são, de certo modo, "autônomas", pois não dependem das leituras dos dias precedentes, como quando se trata de "leitura contínua".

SUGESTÕES PARA UM BOM USO DOS LECIONÁRIOS LITÚRGICOS

Embora, como já dissemos, não se pode pretender que todas e cada uma das leituras sejam aprofundadas ao máximo, é preciso, no entanto, cuidar para que nenhuma delas se reduza a ser um simples "cumprimento". Nenhuma pode ser lida apenas "porque chegou a hora de fazer uma leitura bíblica".

Não faz muito tempo, apareceu na prestigiosa revista *La Maison-Dieu* ["O Lar de Deus"] um artigo de J. Evenou[4] no qual o autor se lamentava de que o conjunto de lecionários dificultava uma vivência autêntica da mensagem, em razão das múltiplas e simultâneas linhas de leitura propostas hoje pela liturgia; ao citado autor tampouco lhe agradava a presença de leituras breves, chamadas por ele "migalhas da Escritura".

De nossa parte, pensamos que as dificuldades desse autor — que são comuns a muitos de nossos contemporâneos — se devem sobre-

---

[4] Cf. Les lectures de la messe et de l'office complémentaires ou concurrentes. *La Maison-Dieu* 135 (1978), pp. 83-97.

Modos de celebrar a Palavra segundo os novos livros litúrgicos   35

tudo ao moderno "espírito cristão", muito alheio, por outro lado, não apenas à tradição litúrgica, mas inclusive ao ritmo vital do ser humano. Quem buscará, efetivamente, uma lógica unitária em suas vivências pessoais? Quem pensará em propor alguns temas exclusivos e unitários nas conversações de amor dos noivos?

A unidade temática será imposta certamente em um ciclo de conferências ou no programa acadêmico de um curso. Mas a celebração litúrgica tem mais de diálogo de amor, de escuta da voz divina, que de plano rigoroso no qual tudo está planificado. Por isso, uma certa liberdade, um certo questionamento em diversos níveis — alguns como aprofundamento, outros como simples recordação —, é muito mais vital e enriquecedor que um plano lógico no qual todas as leituras concordem em alguns temas idênticos: isso se assemelharia mais a uma aula que a uma celebração.

Para terminar, parece-nos interessante fazer algumas simples sugestões concretas que ajudem o leitor a se situar diante das leituras bíblicas propostas pela liturgia através do Ano. Pensamos principalmente nos que seguem o curso dos três lecionários litúrgicos, dos três "graus" dos quais falamos anteriormente.

A visão conjunta dos três lecionários — dominical da Missa, semanal da Missa e bienal da Liturgia das Horas — exige, isso sim, um esclarecimento de atitude e de avaliação de cada um dos ciclos.

Acreditamos que um bom critério seria o seguinte: colocar-se face às leituras bíblicas em duas atitudes distintas: por um lado, o desejo de *aprofundar pausadamente em cada período uma parte da mensagem total da Escritura*; por outro, o interesse em ir *lembrando suavemente* o que em outras ocasiões foi aprofundado para que o que já foi contemplado e aprofundado penetre aos poucos em nós e vá transformando-nos. Distinguiríamos, assim, entre uma leitura "analítico-meditativa" e outra "contemplativo-recreativa".

Os que habitualmente rezam o Ofício das Leituras (ou, então, se não o rezam, podem usar seu Lecionário para a oração pessoal ou para a celebração das Laudes ou das Vésperas) e participam, além disso, diariamente na Missa poderiam tomar como leitura básica de aprofundamento o Lecionário bienal da Liturgia das Horas, o qual nos apresenta em sua integridade moral toda a Bíblia repartida em dois anos. Esse Lecionário será, principalmente para os ministros da Palavra — se o aprofundarem na oração e no estudo —, o melhor instrumento para chegar a uma vivência pessoal, que depois lhes servirá para pregar a mensagem da Escritura nas diversas celebrações.

Efetivamente, a cada ano, na Missa semanal encontrarão aqueles mesmos textos que no ano anterior terão aprofundado pessoalmente, e então, sem preocupações diretas com relação à homilia, poderão usá-los para a pregação da mensagem que já terá sido convertida em substância própria, e com ela a homilia será algo pessoal e ao mesmo tempo objetivamente exato. E, para os que não são ministros, as leituras semanais da Missa servirão como lembrança muito abreviada de tudo que no ano anterior foi aprofundado nas leituras muito mais amplas do Ofício; essas leituras mais breves da Missa servirão, como dizíamos antes, de lembrança "contemplativo-recreativa".

E ao que se refere aos evangelhos, pensamos que a leitura no sentido de aprofundamento do evangelho do ciclo dominical correspondente, lido, meditado e estudado em seu teor completo, com base em algum bom comentário e através de todo o ano, fará com que sucessivamente os diversos textos evangélicos sejam conhecidos cada vez melhor. Nesse caso, a leitura dos evangelhos nos dias semanais serviria de leitura "contemplativo-recreativa", a qual fará reviver aquilo que se aprofundou na leitura mais pausada do ano correspondente.

AS LEITURAS BÍBLICAS NO ADVENTO

COM O ADVENTO SE INAUGURA UM "SISTEMA NOVO" DE LEITURAS BÍBLICAS

É um fato que o Advento comporta uma mudança material de Lecionário — tanto na Eucaristia quanto no Ofício das Leituras —, notada por todos os que participam da liturgia. Mas, além dessa mudança material de livros, ao começar o Advento se dá também uma mudança de perspectiva na própria maneira como se lê a Escritura, uma realidade que provavelmente para muitos passa desapercebida. E esse é um fato da maior importância.

Efetivamente, durante as longas semanas que transcorreram desde a segunda-feira seguinte ao domingo de Pentecostes até o início do Advento, a Escritura foi proclamada à maneira de leitura contínua da História da Salvação, das cartas apostólicas e dos evangelhos. A partir do 1º domingo do Advento, no entanto, essa maneira de ler a Escritura dá lugar a outras formas de proclamação da Palavra. Mas essa "nova maneira" de proclamar a Escritura exige uma atitude espiritual diferente, pelo menos se o objetivo é ultrapassar a mera materialidade de "ler os textos do momento" e conseguir uma verdadeira contemplação, espiritual e proveitosa, do mistério cristão tal como é celebrado pela liturgia.

AS LEITURAS DA MISSA (CICLO A)

Os livros bíblicos proclamados durante o Tempo do Advento com uma certa relevância no ciclo A são três: os evangelhos de Mateus e Lucas e o livro de Isaías. De Mateus serão lidos dezesseis perícopes (não se pode esquecer que o ciclo A é o de Mateus); de Lucas escutaremos dez.

Quanto a Isaías, é preciso enfatizar um aspecto importante: no ciclo A não há um só dia em que não ressoe sua mensagem na liturgia do Advento; sua voz se escuta na maioria das vezes tanto na Missa quanto na Liturgia das Horas; apenas em alguns dias a leitura desse profeta se limita a uma só das duas celebrações (a presença de Isaías não é tão intensa em outros anos porque seus textos se combinam com os de outros livros como Rute ou Miquéias). Façamos, portanto, algumas breves reflexões para orientar o sentido desses três livros na espiritualidade do Advento.

OS EVANGELHOS DE MATEUS E LUCAS NO LECIONÁRIO DO ADVENTO

As leituras de Mateus e Lucas no Advento apresentam quatro óticas muito diferentes.

Temos em primeiro lugar a temática dos quatro *evangelhos dominicais de Mateus*, nos quais se combinam as linhas de força do conjunto do evangelho que se lê nesse ciclo A com a temática própria do Advento.

Sobre esses textos dominicais, poderíamos dizer, em síntese, que sua mensagem é que "Jesus veio como cumprimento das profecias messiânicas, como verdadeiro Filho de Davi, para redimir e salvar seu povo, o verdadeiro e definitivo Israel de Deus".

Em segundo lugar, é preciso destacar o importante bloco das leituras contínuas sobre os relatos evangélicos anteriores ao nascimento do Senhor, primeiro de acordo com Mateus e depois segundo Lucas, que são lidos durante a *semana seguinte ao Natal*.

Encontramos o terceiro bloco nas *Missas semanais* dos dias anteriores ao 16 de dezembro: trata-se de uma interessante antologia que apresenta em leitura semicontínua, primeiro de Mateus e depois de Lucas e João, diversas cenas sobre o ministério do Batista preparando a acolhida do Messias.

Finalmente, há um último conjunto de textos de Mateus e Lucas colocados *nos primeiros dias semanais do Advento*; essas perícopes têm menor importância *em si mesmas*; sua finalidade, efetivamente, está centrada em comentar a leitura de Isaías à maneira de glosa, manifestando como em Jesus se realizam as visões de bem-estar que o profeta prometeu.

ISAÍAS, PRINCIPAL LEITURA DO TEMPO DO ADVENTO

Entre as leituras bíblicas do Advento, Isaías é sem dúvida alguma a principal, tanto pela freqüência com que são lidos seus escritos durante esse tempo, quanto pela antigüidade com que o livro é usado durante o Advento.

Em relação à freqüência — pelo menos no ciclo A — em nem um só dia do Advento seu texto deixa de ser lido. E isso prescindindo das freqüentes leituras breves tomadas desse mesmo livro e das assíduas referências que as antífonas e demais cantos desse ciclo fazem a Isaías.

Quanto à antigüidade da prática de ler Isaías durante as semanas anteriores ao Natal, basta dizer que desde os lecionários mais antigos que chegaram até nós, tanto em relação à Missa quanto ao que se refere à Liturgia das Horas, figura sempre Isaías. Efetivamente, esse livro aparece como leitura do mês de dezembro no mais antigo Lecionário romano da Missa, o de Würzburg (século VII), no de Murbach (século VIII) — do qual sem dúvida Isaías passa ao Missal de são Pio V — e no mais antigo *Ordo Romanus* de leituras do Ofício Divino, o *Ordo XIV* de Andrieu,[1] pertencente também ao século VIII.

Se nos perguntássemos por que Isaías é lido no Advento, talvez tivéssemos que responder que em sua origem esse fato se deveu simplesmente à organização da leitura contínua durante o curso do ano. Correspondeu às semanas anteriores ao Natal ler Isaías como havia correspondido às semanas da Septuagésima, nas quais se iniciava então o ano, o Pentateuco. Há dois fenômenos que confirmam esse fato: primeiro, que junto a Isaías no antigo *Ordo Romanus XIV* aparecem também Jeremias, Daniel e Ezequiel, na mesma ordem em que os apresenta a Vulgata; e segundo, que essas semanas se intitulam não "Tempo do Advento" mas sim simplesmente "mês de dezembro". (Por isso, de certa maneira, podemos afirmar que a leitura de Isaías durante as semanas que precedem o Natal é mais antiga que o próprio Tempo do Advento.)

Mas posteriormente foi sendo descoberto que, por várias razões, a espiritualidade de Isaías combinava-se bastante bem tanto com o sentido

---

[1]   Cf. *Ordines Romani*, v. 3, p. 40.

escatológico do Tempo do "Advento", ou seja, a "Vinda", quanto com a preparação do Natal. Essa correspondência entre a mensagem de Isaías e a espiritualidade do Advento ficou ainda mais destacada pelo significado dado a algumas das frases de Isaías na versão latina da Bíblia.

Realmente, por um lado, a esperança vivida por Isaías de que o futuro rei de Judá, Ezequias, conduziria seu povo pelos caminhos da justiça e da prosperidade, e, por outro, expressões como as lidas em Isaías — "se chamará Emanuel, Deus conosco", "Nasceu para nós um menino, que será Conselheiro do Altíssimo e levará sobre seus ombros o império" e outras semelhantes — adaptam-se melhor a Jesus Cristo que a Ezequias e, por isso, serviram — e servem ainda hoje — de maneira muito expressiva para viver a esperança da Igreja na vinda daquele que, sem dúvida alguma, realiza muito melhor os anseios de prosperidade e bem-estar, próprios não apenas de Judá mas também de toda a humanidade. Outra das frases que também expressam a correspondência entre Isaías e a espiritualidade do Advento é a conhecida expressão *Rorate, coeli, desuper* ["Céus, deixai cair orvalho das alturas"] (Is 45,8).

Assim, portanto, por motivos diversos e confluentes, Isaías foi convertendo-se no livro da espiritualidade do Advento por antonomásia.

A LEITURA DE ISAÍAS NO LECIONÁRIO ATUAL DO OFÍCIO

O livro de Isaías aparece distribuído no Lecionário do Ofício em quatro blocos principais. Três desses blocos estão situados no Advento-Epifania. Encontramos o quarto no Tempo Comum. Cada um desses blocos tem uma finalidade, uma "espiritualidade" própria e muito diferente.

Digamos, em primeiro lugar, uma palavra sobre as leituras de Isaías *no Tempo Comum*; isso nos ajudará a captar melhor o significado específico das perícopes do Advento. Nas 25ª-27ª semanas desse tempo, lê-se uma antologia de textos do profeta, colocados, por um lado, em continuação às narrativas históricas do segundo livro dos Reis que descrevem o ambiente com o qual o profeta se enfrentou, e, por outro, no contexto dos outros profetas contemporâneos de Isaías que fustigaram os mesmos vícios aos quais Isaías alude (Amós, Oséias, Miquéias e

As leituras bíblicas no Advento   41

Sofonias). A finalidade dessas leituras é evidente: trata-se de reviver
a espiritualidade dessa importante etapa da História da Salvação, destacando todo o contexto de uma época que também foi escrita "para
nossa instrução" (Rm 15,4).

O segundo grupo de leituras — o mais importante, sem dúvida,
quanto ao número e extensão de perícopes — temos no *Tempo do
Advento-Epifania*: aqui já não se pretende, como nas leituras de Isaías
do Tempo Comum, "situar" esse profeta em seu contexto e reviver uma
etapa específica da História da Salvação, mas sim aprofundar-se na
mensagem própria do livro de Isaías, tendo em vista que essa riqueza
de matizes é tida como especialmente apropriada para intensificar a
espiritualidade característica do Tempo do Advento.

Desse bloco de leituras é preciso destacar que a temática do livro de
Isaías se apresenta no Lecionário dividida em três partes bem diferenciadas; essas três partes correspondem, pelo menos fundamentalmente,
ao que os exegetas acreditam ser as etapas de formação do livro de
Isaías: as mensagens do próprio Isaías, as de seus discípulos no exílio
e, finalmente, as dos seguidores remotos do profeta no tempo da repa-
triação. Dessa forma, o Lecionário litúrgico se adapta aqui plenamente
à composição objetiva do livro.

a) Durante *os primeiros dias do Advento* — até 17 de dezembro — escutamos o primeiro bloco, os oráculos do próprio Isaías (são lidos quase
integralmente no Lecionário bienal da Liturgia das Horas; infelizmente,
no anual se repete todo ano apenas a primeira parte do conjunto).

Isaías contempla como cresce o perigo da invasão assíria; contemporâ-
neo, primeiro, da queda do Reino do Norte (721), e, dez anos mais tarde,
da tomada de Jerusalém, insiste incansavelmente em que se deve recusar
toda aliança com poderes deste mundo e esperar unicamente no auxílio
que virá de Iahweh. Essa mensagem está entremeada de contínuas exorta-
ções à conversão. Tanto pela temática da esperança no Senhor quanto pelos acentos que convidam a começar uma vida nova de maior fidelidade,
o conteúdo desses textos é uma temática muito apropriada para o Tempo
do Advento, no qual a Igreja quer intensificar sua esperança na *vinda de
Cristo* como único baluarte de salvação para os seres humanos.

Uma leitura desse conteúdo, feita de maneira pausada, contemplativa e abundante, como a propõe esse Lecionário, e *no mesmo contexto*

de fé no qual Isaías escreveu, é sem dúvida alguma uma das melhores "leituras espirituais" para o Tempo do Advento.

b) *A partir de 17 de dezembro* muda o contexto das leituras litúrgicas: deixamos os escritos do próprio Isaías e continuamos na espiritualidade de sua escola, mas em outro ambiente histórico: o de seus discípulos que vivem, depois de anos, a mesma esperança de Isaías no exílio da Babilônia.

Sob o comando de Ciro, os persas decidem invadir a Babilônia, a qual retém os israelitas como escravos: renasce a esperança de liberdade dos expatriados, principalmente dos mais religiosos, como eram os discípulos de Isaías. Assim se experimenta como o Mestre não tinha se enganado ao pregar que apenas o Senhor salva, embora seja através de acontecimentos tão inesperados, como a presença de um invasor pagão. Nesse contexto, nascem oráculos cheios de otimismo e esperança: o único Deus, aquele em quem Isaías havia colocado sua esperança, conduz os acontecimentos da história para aquela salvação que seu povo almeja. Esses escritos ajudam a Igreja também hoje a refazer sua fé e sua esperança em que apenas Cristo, que está próximo, é o verdadeiro "Iahweh-Salvador".

c) A terceira parte do livro de Isaías — as páginas escritas pelos repatriados depois do exílio — não é lida no Advento, mas *nos dias depois da Epifania*. Nessas páginas, cheias também de uma esperança otimista, os remotos discípulos de Isaías, diante das dificuldades da reconstrução de Jerusalém, querem infundir ânimo aos espíritos decaídos, assegurando-lhes que Deus está com eles. Essas páginas, escutadas pela Igreja nos dias da "manifestação" (Epifania) do Senhor, afiançam nossa fé na presença, na manifestação ou "epifania" de que Cristo está presente em seu povo.

A LEITURA DE ISAÍAS NO LECIONÁRIO DA MISSA

Prescindindo das leituras do Tempo Comum — há um pequeno ciclo na 15ª semana do ano par — as leituras de Isaías na Missa têm no Advento dois blocos diferentes: o dominical e o semanal. Esses ciclos são muito diferentes dos do Ofício.

As leituras bíblicas no Advento   *43*

Em primeiro lugar, porque se trata de ciclos muito reduzidos: no dominical apenas quatro textos; no semanal, doze. Além disso, na Missa as leituras têm, em comparação com as do Ofício, apenas a terça parte de extensão. Nas leituras dominicais, apresenta-se um conjunto de profecias messiânicas. Nas semanais, temos três grupos diferentes: desde a segunda-feira da 1ª semana até a quarta-feira da 2ª semana temos uma série de textos que não são propriamente leitura contínua nem tampouco semicontínua; trata-se antes de uma seleção de temas do livro de Isaías mais destacados e mais apropriados para o Advento.

A partir da quinta-feira da 2ª semana até 17 de dezembro, aparecem algumas leituras de Isaías, mas entremeadas com textos de outros livros bíblicos; a preeminência de Isaías no Lecionário da Missa cede seu lugar primeiro aos textos evangélicos que falam do Precursor (segundo bloco) e, a partir de 17 de dezembro (terceiro bloco), às perícopes evangélicas de Mateus e Lucas que relatam os acontecimentos anteriores ao nascimento de Jesus Cristo. Nessa seção do Lecionário, os textos de Isaías, agora mais escassos, têm como função unicamente servir de glosa aos textos mais importantes dos evangelhos.

Essas são, portanto, as linhas da distribuição dos textos de Isaías durante o Advento. No Ofício, se propõe uma visão aprofundada da mensagem de esperança de Isaías e de sua escola espiritual; nas Missas se destacam algumas características que ajudam a ver até que ponto alguns dos princípios da escola espiritual do profeta correspondem à espiritualidade que a Igreja quer viver durante o Advento.

O TEMPO DO NATAL

Anos atrás, em uma das melhores contribuições que apareceram nos últimos tempos sobre o significado das leituras bíblicas na liturgia, Ph. Béguerie se referia ao fato de que dificilmente se pode esperar que as perícopes da Escritura consigam sua devida e plena ressonância na vida dos fiéis até que o conjunto dos textos proclamados seja, pelo menos de certa maneira, previamente conhecido pelos ouvintes. "O recurso à Escritura na liturgia apenas funciona corretamente quando o texto proclamado é 're-conhecido' previamente. Isso posto, um texto apenas pode ser 'reconhecido' se foi conhecido previamente [...]. Os textos da Escritura que são lidos na liturgia deveriam ser, portanto, perícopes conhecidas de antemão. Quem nos fala na Escritura é alguém que já conhecemos. Sua palavra deve ter um tom que já nos seja familiar. É verdade que sempre temos de descobrir sua palavra, mas não precisamente porque ela nos diga sempre coisas novas; efetivamente, ele é sempre o mesmo, e sua palavra imutável ressoa há muitos séculos. Somos nós que mudamos e nos renovamos por causa da palavra que escutamos. Essa palavra suscita em nós ecos sempre novos [...]. O texto proclamado é um texto que devemos reconhecer e que está ali para, através dele, nos reconhecermos a nós mesmos. Esse texto nos ilumina para aprendermos a nos ver tal como somos, a nos conhecer e a nos reconhecer a nós mesmos".[1] Realmente, se as leituras proclamadas são páginas ainda desconhecidas, é quase inevitável que o interesse, tanto dos ouvintes quanto daqueles que fazem a homilia, se centre e se limite a ser mera exposição literal do texto. Com isso, a homilia tende a se converter em lição de exegese, e a reflexão pessoal, à conquista da simples inteligência material do texto. Conseqüentemente, fica relegada e esquecida toda possível ressonância espiritual e contemplativa da Palavra, a qual, no fundo, é a principal finalidade de sua proclamação litúrgica. No entanto, quando os textos bíblicos já são familiares à assembléia, então o simples anúncio da Palavra suscita facilmente ecos

---

[1] *La Maison-Dieu* 126 (1976), p. 115.

46 A Mesa da Palavra

pessoais e penetra no íntimo do espírito, facilitando uma oração intensa e uma contemplação proveitosa do mistério.

Vale a pena insistir nisso, pois a respeito desse aspecto hoje, ao fim de quatro décadas de uso dos lecionários promulgados por Paulo VI, alcançamos aquele ideal proposto pelo autor antes citado ou, pelo menos, estamos muito perto de conquistá-lo. Realmente, inaugurado o uso dos atuais lecionários no final de 1969, as perícopes litúrgicas que escutamos passaram a se tornar muito conhecidas, pois já ressoaram repetidas vezes ao longo de diversos ciclos.

Merece ser destacado o fato de algumas leituras que soavam como "novas" até há alguns poucos anos terem se tornado conhecidas hoje. E deve convidar a uma séria tomada de atitudes que pode ser muito enriquecedora. É verdade que a repetição de textos já conhecidos pode ter algum risco negativo — o principal é o perigo de as leituras suscitarem um menor interesse sobretudo em relação aos firmes partidários de incessantes novidades —, mas sem dúvida alguma as vantagens e as possibilidades dessa repetição de texto, feita corretamente, são muito maiores.

DIVERSAS LINHAS DE FORÇA NAS LEITURAS BÍBLICAS DO TEMPO DO NATAL

O primeiro aspecto que convém destacar para que a celebração da Palavra ultrapasse o mero conhecimento histórico-exegético é que nesses dias, mais oportuno que em outros ciclos, se entrecruzam diversas maneiras de ler a Escritura. Descobrir as diferentes linhas de força em que se movem cada um dos lecionários é muito importante para conseguir uma autêntica captação espiritual da mensagem bíblico-litúrgica. Porque na celebração litúrgica não se trata simplesmente de entender a Escritura em seu teor histórico e saber as causas e pormenores pelos quais foi escrito cada um de seus textos, mas se trata principalmente de captar seu "hoje" para o cristão. E esse "hoje", embora comece e se apóie no sentido literal dos textos, não se centra nem se limita nele.

Portanto, para situar corretamente as leituras bíblicas do Tempo do Natal, é esclarecedor distinguir três grandes grupos de textos, cada um

O Tempo do Natal 47

dos quais deve ser abordado de maneira diferente: (a) leituras temáticas, (b) antologias de textos e (c) leitura contínua de livros relacionados especialmente aos mistérios próprios do Natal e da Epifania.

LEITURAS DE FUNDO TEMÁTICO

Neste primeiro grupo, situaremos as leituras da maioria das solenidades e festas desse ciclo, por exemplo, as do Natal, Epifania, Batismo de Jesus, santo Estêvão etc. A solenidade de Santa Maria, Mãe de Deus, é uma exceção a esse respeito, pois nesse dia a primeira leitura tem relação com o início do ano civil, a segunda com a Maternidade de Maria e a terceira — em parte pelo menos — com a oitava do Natal.

Nesses dias, o centro de gravidade da celebração deve partir mais do próprio mistério celebrado que das perícopes bíblicas, explicadas em si mesmas: estas — tomadas, se for possível, em seu conjunto — deveriam limitar-se a constituir um pano de fundo para a contemplação do mistério do dia.

Sobre isso é preciso dar uma ênfase especial tanto à homilia como à oração pessoal. O estudo bíblico moderno, efetivamente, junto a seus inegáveis méritos, exagerou centrando tudo na exegese literal e esquecendo que os textos bíblicos têm também freqüentemente — sobretudo nos dias mais especiais do ciclo — um forte conteúdo litúrgico. É necessário reconhecer que em muitas ocasiões a única razão da escolha de um determinado texto bíblico para a celebração consiste em que o mencionado texto possui um sentido determinante por causa da tradição litúrgica. Assim, para dar um exemplo, no dia da Epifania, mais que meditar sobre o capítulo 60 de Isaías em seu sentido literal ou sobre o relato da vocação dos magos, o que se impõe é uma contemplação da universalidade da vocação dos povos à fé, iluminada por diversos e significativos textos de Isaías, Paulo e Mateus.

Diferenciar entre, de um lado, homilia — ou aprofundamento pessoal — como explicação dos textos em seu teor simplesmente exegético ou material, e, do outro, contemplação do mistério do dia em todos os seus aspectos é algo ao qual provavelmente não se presta a devida atenção: talvez esse fenômeno seja uma reação — explicável, mas não

48   *A Mesa da Palavra*

justificável — diante das atitudes de outros tempos, nos quais, abandonado o sentido literal da Bíblia, tudo se centrava em explicações alegóricas. É preciso fazer, portanto, um esforço para evitar um procedimento sempre idêntico que se limita a ser simples comentário do texto bíblico: isso é correto quando se trata dos dias de leitura contínua, mas não o é nas grandes solenidades da Igreja. A própria Constituição Conciliar sobre a Liturgia, ao falar da homilia, afirma de maneira explícita que esta última pode partir não apenas das leituras mas também de outros formulários litúrgicos (SC 52), e que, em todo caso, sempre se deve levar em conta o mistério celebrado. Há muitas homilias que ainda se limitam a simples exegese ou explicação do texto bíblico em si mesmo.

Para entender "espiritualmente" as leituras das grandes festas e tempos fortes, é muito esclarecedor iluminá-las com os outros textos celebrativos: o prefácio do dia, quando é próprio, e as orações são às vezes seu melhor comentário. Também os hinos da Liturgia das Horas — os latinos principalmente — podem contribuir para uma visão mais plena do mistério celebrado.

ANTOLOGIA DE TEXTOS

Uma maneira de ler a Escritura que poderíamos denominar "intermediária" entre o que representa a leitura contínua ou semicontínua e o que são as perícopes próprias, as quais nos referimos na seção anterior (ou seja, que nem propõe a leitura integral do livro, nem tampouco perícopes totalmente isoladas do resto do livro) são os conjuntos de leituras com temática unitária lidos ao longo de alguns dias seguidos. É o que aqui chamamos "antologias de textos". Convém que esses conjuntos sejam lidos como um todo orgânico, caso se queira tirar deles um alimento nutritivo para a vida espiritual.

Quanto ao Tempo do Natal, os lecionários nos apresentam três conjuntos desse tipo: (a) os evangelhos da infância, (b) o primeiro capítulo do evangelho de são João e (c) as perícopes evangélicas "epifânicas", que servem como prolongamento da solenidade da Epifania.

Os evangelhos da infância no Lecionário ficam distribuídos entre as leituras de algumas festas e as Missas semanais: quase todos esses

O Tempo do Natal   49

textos são lidos a cada ano. O conjunto mais amplo desse "evangelho da infância" é encontrado no capítulo 2 de são Lucas e é lido integralmente entre a solenidade de Natal (Missas da noite e da aurora), a festa da Maternidade de Maria (1º de janeiro), a festa da Sagrada Família no ciclo C e os dias 29 e 30 de janeiro no Lecionário semanal.

Os relatos da infância em Mateus são muito mais breves e, conseqüentemente, têm uma presença muito mais limitada no Lecionário de Natal. O nascimento de Jesus, reduzido nesse evangelho a um versículo apenas e situado como simples conclusão ao anúncio feito a José, é lido todos os anos na Missa vespertina da Vigília do Natal. Além desse breve relato, Mateus apresenta a narrativa da vocação dos magos. Esse relato é a cena mais destacada do evangelho da infância de Mateus e é proclamado a cada ano no dia da Epifania. Das duas narrativas seguintes, a morte dos inocentes é lida a cada ano no dia 28 de dezembro, e a fuga ao Egito a cada três anos (ciclo A), na festa da Sagrada Família.

Para compreender o significado teológico dos evangelhos da infância, é importante ultrapassar a visão de pequenas histórias ou cenas da vida de Jesus e descobrir o sentido teológico que seus autores querem dar-lhes. Para isso, nada melhor que ler nesses dias alguma introdução aos evangelhos da infância.[2]

A segunda antologia lida nestes dias são as narrativas *do capítulo 1 de são João*. O capítulo começa pela narrativa do nascimento do Senhor, nascimento ambientado por um denso prefácio teológico.

O amplo desenvolvimento teológico sobre a natureza de Cristo e sua vida no seio do Pai não pode fazer esquecer que o tema do capítulo é, contudo, o nascimento de Cristo: "A Palavra se fez carne". Por isso, essa página enquadra-se bem nas celebrações de Natal e é lida duas vezes no Lecionário festivo desses dias (na terceira Missa de Natal e no 2º domingo depois dessa festa) e uma no Lecionário semanal (31 de dezembro).

As duas leituras festivas não são mera repetição, mas se quis que fossem escutadas por todos os fiéis a cada ano nos dias de Natal. Como

---

[2] Em português temos duas obras acessíveis e modernas: DANIÉLOU, J. *Os evangelhos da infância*. Petrópolis, Vozes, 1969; e, principalmente, BROWN, J. *O nascimento do Messias*. São Paulo, Paulinas, 2005.

50   *A Mesa da Palavra*

de fato muitos fiéis no dia de Natal apenas participam da Missa do Galo, considerou-se oportuno repetir essa página em outro dia festivo — no domingo depois da oitava — para todos os fiéis a escutarem. A leitura dessa perícope no Lecionário semanal tem lugar no dia 31 de dezembro. Depois de ter escutado o evangelho da infância de Lucas (29-30 de dezembro), essa narrativa é uma espécie de reflexão teológico-contemplativa que serve de conclusão a todo o conjunto. O restante do capítulo 1 de João é lido nas Missas semanais de 2 a 5 de janeiro. Essas páginas poderiam ser chamadas "Livro da presença do Senhor com seus primeiros testemunhos". Com essa visão conjunta, descobre-se facilmente como o Senhor nascido se faz presente em sua Igreja.[3]

LEITURAS CONTÍNUAS RELATIVAS AO MISTÉRIO DE NATAL

O terceiro grupo de leituras é constituído pela leitura contínua ou semicontínua. Essa maneira de ler a Escritura na liturgia, habitual no Tempo Comum, tem também lugar nos dias do Natal, mas com um traço de certa apropriação. Se no Tempo Comum são lidos todos os livros, situados simplesmente em ordem relativamente cronológica para facilitar a compreensão da mensagem, no Tempo do Natal são selecionados determinados livros. A Instrução Geral sobre a Liturgia das Horas é bem explícita nesse sentido: "Ao organizar o ciclo de leituras da Sagrada Escritura no Ofício das Leituras, levaram-se em conta, por um lado, os tempos sagrados em que, por venerável tradição, se devem ler certos livros, e, por outro lado, o ciclo de leituras na Missa" (IGLH 143). Embora essa norma se refira literalmente às leituras do Ofício, se aplica também à Missa.

Concretamente, durante os dias do Natal, no *Ofício das Leituras*, são lidos os seguintes livros:

A *carta aos Colossenses*, "que trata da Encarnação do Senhor, situada no âmbito de toda a História da Salvação": é a leitura do primeiro ano do ciclo bienal, de 29 de dezembro a 5 de janeiro.

---

[3]   Um comentário de grande qualidade espiritual, e ao mesmo tempo singelo, desse capítulo pode ser encontrado em: BOUYER, L. *El Cuarto Evangelio*. Barcelona, Estela, 1967.

O Tempo do Natal 51

O *Cântico dos Cânticos*, no segundo ano, também de 29 de dezembro a 5 de janeiro: esse livro é "figura da união entre Deus e o ser humano em Cristo: 'Deus Pai celebrou o casamento do Deus Filho, quando, no seio da Virgem, uniu-o à natureza humana" (IGLH 148). De 7 de janeiro até o sábado depois da Epifania são lidos textos escatológicos tomados de *Isaías 60–66 e Baruc* (cf. IGLH 149).

Ao que se refere *à Missa*, apenas se lê um livro em leitura contínua: *a primeira carta de são João*. Na verdade, compreendemos Jesus, o Salvador, que nesses dias vemos feito ser humano e convivendo entre os seres humanos e, ao mesmo tempo, Deus verdadeiro? A carta nos convida a responder a essa questão. E nos leva a uma comunhão com o Senhor inegavelmente mais profunda que as simples emoções que pode engendrar em nós a contemplação superficial da gruta de Belém.

Terminemos estas linhas com uma recomendação: as comunidades de vida ativa e os seculares, que não rezam habitualmente o Ofício das Leituras, poderiam enriquecer sua vida espiritual se, durante esses dias, substituíssem a leitura breve das Laudes ou das Vésperas pelas prolongadas do Ofício das Leituras em seu ciclo bienal.

OS EVANGELHOS SEMANAIS DE NATAL

UMA LEITURA DIFERENTE

Habitualmente, na liturgia, os textos bíblicos são lidos de maneira contínua. Esse procedimento, que tinha sido usado desde antigamente em todas as liturgias, caiu no esquecimento em tempos de decadência e foi felizmente restaurado pela reforma litúrgica do Vaticano II. Por outro lado, ninguém negará que a leitura contínua de cada livro é a que mais respeita o pensamento original do autor (em nosso caso, tanto do autor principal, que é o próprio Deus, quanto do autor humano de cada escrito) e a que é mais lógica para penetrar a mensagem.

Mas a norma habitual de ler os livros bíblicos pela ordem de seus capítulos tem suas exceções. E essas exceções existem há muito tempo.

No atual Lecionário da Missa e em relação direta com a leitura evangélica que aqui nos ocupa, é preciso dizer que das cinqüenta e três semanas do Ano Litúrgico, aproximadamente em quarenta e três se proclama o evangelho de maneira contínua, e em umas dez semanas, ao contrário, se segue o sistema de trechos apropriados à celebração concreta. O evangelho é lido de maneira contínua nos dias semanais das trinta e quatro semanas do Tempo Comum, nos das três últimas semanas da Quaresma e em seis das sete da Qüinquagésima pascal, enquanto se selecionam perícopes apropriadas principalmente nos dias semanais do Advento e Natal e nos da oitava da Páscoa.

Os dias semanais do Natal, portanto, têm leituras evangélicas especialmente selecionadas. Assim, essas leituras devem ser escutadas com atitude um pouco diferente da maior parte do ano. Aqui gostaria de ajudar a descobrir por que essa seleção de textos.

EVANGELHOS DA OITAVA DO NATAL

As leituras semanais do evangelho durante o Tempo do Natal se dividem em três grupos: (a) leituras da oitava, (b) leituras de antes

54   *A Mesa da Palavra*

da Epifania e (c) leituras entre a Epifania e o Batismo do Senhor. Vejamos o conteúdo e a motivação de cada um desses três grupos de textos.

As celebrações semanais da *oitava do Natal* se reduzem, de fato, a três dias: 29, 30 e 31 de dezembro, pois os dias restantes dessa oitava estão ocupados por celebrações festivas que têm suas leituras próprias (santo Estêvão, são João Evangelista e os santos Inocentes). Durante esses três dias semanais se lê em primeiro lugar o capítulo 2 de Lucas (dias 29 e 30) e depois o prefácio do evangelho de João. Vejamos a motivação dessas leituras.

Lucas, como se sabe, é o único evangelista que apresenta de maneira relativamente completa os relatos da infância de Jesus (Mateus narra unicamente a história-parábola dos magos, que serve como introdução à sua apresentação de Jesus como Senhor também dos gentios; essa perícope do primeiro evangelho é proclamada na solenidade da Epifania — quando ganha todo o seu simbolismo de universalidade —; por isso, não é necessária sua proclamação semanal).

Não estranha, portanto, que o capítulo 2 de Lucas, o único testemunho evangélico dos relatos da infância do Senhor, seja proclamado nos dias de Natal. Inclusive os fiéis que apenas participam da celebração nos dias festivos escutam nesses dias pelo menos algo desse capítulo. Mas diante dos que participam diariamente da Eucaristia são proclamados os relatos da infância de maneira muito mais completa na Missa semanal.

A leitura do capítulo que resume os relatos da infância foi distribuída da seguinte forma:

a) vv. 1-14: Missa do Galo do Natal: nascimento de Jesus;

b) vv. 16-21: 1º de janeiro, Santa Maria: Jesus no regaço de Maria;

c) vv. 22-40: nos dias da semana 29 e 30 de dezembro: Jesus se revela a Simeão e Ana.

Convém advertir que o fato de que hoje quase ninguém participe da Missa da aurora do Natal não empobrece a escuta do capítulo 2 de Lucas, pois essa mesma perícope é repetida também na celebração festiva do dia 1º de janeiro. Quanto ao final do capítulo (vv. 41-52: Jesus no templo entre os doutores), sua leitura é reservada ao domin-

Os evangelhos semanais de Natal   55

go da Sagrada Família no ciclo dominical C; mas esse texto, apenas proclamado uma vez a cada três anos, não pertence propriamente aos relatos da "infância", mas antes à apresentação de Jesus como "adulto" de Israel.

EVANGELHOS DOS DIAS SEMANAIS ANTES DA EPIFANIA

As leituras evangélicas dos dias 2 a 5 de janeiro possivelmente podem estranhar por seu conteúdo; à primeira vista se assemelham tanto às ouvidas durante o Tempo do Advento, que quase dão a impressão de um passo atrás rumo ao ciclo que preparava as festas de Natal.

Mas na realidade se trata de algo bastante diferente. Nesses dias semanais se lê integralmente o capítulo primeiro do evangelho de são João (os primeiros versículos, ou seja, a parte que constitui o prefácio do Quarto Evangelho, foram proclamados em 31 de dezembro: as leituras desses dias semanais completam a proclamação integral do capítulo).

Esse capítulo introdutório se apresenta como a abertura de um grande processo: o Filho único de Deus aparece como o único testemunho da verdade. Essa apresentação vem a ser como que o prefácio do mistério pascal que as leituras evangélicas desenvolverão durante as últimas semanas da Quaresma e as da Qüinquagésima pascal.

EVANGELHOS DOS DIAS SEMANAIS ENTRE A EPIFANIA E O BATISMO DE JESUS

O último grupo de perícopes evangélicas do Tempo do Natal é formado por uma antologia de textos, extraídos dessa vez não de um, mas dos quatro evangelhos. Essa seleção de leituras é proclamada seguindo a ordem na qual os evangelhos figuram, desde antigamente, no Novo Testamento: Mateus (7 de janeiro), Marcos (8 e 9 de janeiro), Lucas (10 e 11 de janeiro) e João (12 de janeiro). Essa antologia de textos pretende aprofundar o sentido do mistério da manifestação do

Senhor celebrado na Epifania. Para isso vai apresentando as principais manifestações do Senhor.

É segundo essa chave que devem ser escutados esses relatos epifânicos que levarão a uma contemplação mais alegre da glória do Senhor presente no mundo, tal como celebrada pela liturgia do Natal.

AS PRIMEIRAS SEMANAS DO TEMPO COMUM

NOVA MUDANÇA NOS MODOS DE LER A ESCRITURA

Ao comentar o conjunto de leituras bíblicas do Advento, indicávamos que o início do Ano Litúrgico implicou uma mudança de perspectiva em relação ao modo de ler a Escritura na liturgia. Pois, então, passado o ciclo festivo do Natal-Epifania, volta a repetir-se o mesmo fenômeno, dessa vez ao contrário: agora se deixa o sistema de leituras mais ou menos organizado em torno de determinados mistérios, e de novo a Escritura volta a ser lida segundo as modalidades das semanas que precederam o Advento.

Tanto durante o Advento quanto ao longo do ciclo festivo do Natal-Epifania, as leituras se agruparam com enfoques certamente diferentes, mas com um centro comum de gravidade sempre referente aos mistérios próprios do tempo litúrgico concreto, que primeiro polarizou-se no sentido escatológico da vida cristã e na preparação de Natal, e depois na contemplação do Nascimento e manifestação do Senhor, enquanto o papel das leituras consistiu antes em servir de comentário contemplativo a esses temas.

Ao retomar agora o Tempo Comum, a Escritura, em sua própria mensagem objetiva, volta a ocupar o centro do desenvolvimento do Ano Litúrgico, e os diversos livros passam a ser lidos *por si mesmos* e já não em função de outra temática; ou, dizendo de outra forma: a Palavra é celebrada em si mesma, constitui, sem nenhuma outra mediação, a trama fundamental das celebrações desse tempo e é proclamada com seu próprio dinamismo, tal como nela Deus foi revelando progressivamente seu desígnio salvífico através dos diversos livros inspirados.

IMPORTÂNCIA DO DINAMISMO PRÓPRIO DAS LEITURAS NO TEMPO COMUM

Destacar o dinamismo próprio e diferente das leituras no Tempo Comum acaba sendo importante por um duplo motivo: em primeiro lugar, em razão da própria importância desse modo de proclamação, o mais respeitoso sem dúvida, em relação à mensagem bíblica.

Ler os livros bíblicos em uma ordem dinâmica, que segue o mesmo ritmo com que Deus se dirigiu progressivamente aos seres humanos, ajuda a reviver espiritualmente as etapas da História da Salvação e o progresso da revelação divina. Significa fundamentar a vida espiritual em uma meditação da Palavra divina realizada em seu grau máximo de objetividade e pureza.

Uma segunda razão a favor também da conveniência de realçar a perspectiva própria das leituras litúrgicas da Escritura no Tempo Comum é o fato de que um Ano Litúrgico estruturado segundo o revivescimento do dinamismo das diversas etapas da História da Salvação e do progresso da revelação divina — tal como aparecem nos livros inspirados, em relação à liturgia dos últimos séculos — é uma verdadeira "novidade", totalmente desconhecida por alguns fiéis que apenas tinham conhecido um Ano Litúrgico centrado nos "tempos fortes" e nas festas. E toda novidade, caso queira-se que penetre no espírito de alguns fiéis não acostumados a ela, necessita ser explicada e realçada com força.

O CENTRO DE GRAVIDADE DO TEMPO COMUM ANTES DA REFORMA LITÚRGICA

Antes da reforma litúrgica, as longas semanas do Tempo Comum estavam muito distantes de ter um dinamismo comum e unitário. Tanto os domingos quanto os dias comuns apresentavam uma fisionomia totalmente isolada, e nada vinculava uns dias aos outros. Os dias semanais desse longo ciclo, objeto de nossa reflexão, recebiam seu significado quase exclusivamente do santoral, que ocupava a totalidade dos dias.

Poucos eram os dias nos quais não se celebrava uma "festa" do santoral. Nessas festas, os textos litúrgicos — inclusive as leituras da

Missa — eram escolhidos sempre por sua relação com o significado do santo celebrado.

Essa maneira de conceber os dias do meio da semana, centrando todo o conteúdo da celebração no santoral, ainda sobrevive em muitos dos atuais responsáveis pela liturgia. Essa maneira de celebrar os dias comuns foi vivida por eles ao longo de muitos anos, durante o período de sua formação. Temos um claro vestígio dessa sobrevivência no fato de ser tão habitual a prática de recorrer aos elementos do comum dos santos, e não aos do dia semanal, quando se trata de escolher as partes livres e periféricas da celebração das memórias (canto de entrada, hinos, preces, leituras breves etc.); muitos, efetivamente, são os que continuam escolhendo esses elementos do comum dos santos porque no fundo continuam pensando que se trata de uma festa do santoral, e não de uma celebração semanal, na qual é lembrado — se faz "memória" — um santo.

Hoje a nova normativa litúrgica é muito equilibrada: nas memórias, se se tratar de formulários periféricos, permite-se recorrer aos elementos festivos do comum dos santos, porque assim é possível realçar a celebração de alguma memória especialmente significativa para alguma comunidade concreta, sem chegar a converter essa memória no tema exclusivo da liturgia. Mas há um abismo entre essa possibilidade de realçar as memórias mais significativas de uma comunidade e o uso habitual dos elementos festivos em todas as memórias. De fato, contudo, como a mentalidade não mudou, nem se assumiu o que significam as "memórias", continua-se pensando que o Ano Litúrgico, principalmente no Tempo Comum, concentra-se mais nas celebrações do santoral do que na celebração do mistério salvífico através das etapas da História da Salvação contempladas nos elementos semanais, particularmente nas leituras contínuas do Ofício e da Missa.

O CENTRO DE GRAVIDADE NO TEMPO COMUM SEGUNDO OS NOVOS LIVROS LITÚRGICOS

Nos novos livros litúrgicos, o centro de interesse do Tempo Comum não são certamente as celebrações do santoral. A reforma litúrgica

60   *A Mesa da Palavra*

realizou o que foi um desejo do Vaticano II: "Para que *o ciclo destes mistérios* [mistérios salvíficos] possa ser celebrado no modo devido e *na sua totalidade*, dê-se ao Próprio do Tempo o lugar que lhe convém, de preferência sobre as festas dos Santos" (SC 108). Eis aqui, portanto, o verdadeiro centro de gravidade de todo o Ano Litúrgico, não apenas dos tempos chamados "fortes": a celebração dos mistérios da salvação em todas e cada uma de suas facetas e de suas etapas.

Esse ciclo dos mistérios da salvação será certamente comentado pelas "memórias" dos santos, pois através de sua recordação se proclama também "o mistério pascal que foi realizado na paixão e glorificação deles" (SC 104). Mas "recordar" os santos, glosando com sua recordação o mistério salvífico de seu Senhor, é muito diferente de dedicar grande parte do ciclo litúrgico — o "Tempo Comum" — a festas quase autônomas em honra dos mesmos.

Dizer que o centro celebrativo do Ano Litúrgico é a celebração do *ciclo inteiro* do mistério salvífico significa que esse ano da Igreja deve abarcar desde a criação do mundo até a parusia de Jesus Cristo, não certamente à maneira de estudo — ou pelo menos não principalmente como estudo —, mas sobretudo como tema de pregação e de contemplação. Devemos, portanto, dizer que da mesma maneira que na liturgia pré-conciliar celebrávamos alguns "tempos fortes" consagrados a reviver algumas das etapas mais importantes da História da Salvação (por exemplo, a Qüinquagésima pascal, que comemorava o "trânsito" do Senhor ao Pai, ou o Advento, que celebrava a parusia), agora a nova apresentação do ano convida-nos a celebrar igualmente os outros momentos salvíficos, como, por exemplo, a criação do mundo, o nascimento do povo escolhido, a revelação sapiencial aos "filósofos" de Israel ou a progressiva penetração da mensagem de Jesus por meio dos discípulos que vão redigindo os diversos livros do Novo Testamento.

Por enquanto é necessário conseguir que esse enriquecimento objetivo das estruturas do Ano Litúrgico penetre na própria vida espiritual. É preciso que as atitudes subjetivas ou pessoais se adaptem de verdade ao que hoje é o Ano Litúrgico da Igreja; é necessário que se dê um verdadeiro esforço pessoal para viver espiritualmente as riquezas que nos oferece a estruturação desse "novo" Ano Litúrgico, centrado na totalidade da História da Salvação, tal como nos é apresentada pelos diversos escritos bíblicos. Esse "novo" Ano Litúrgico bem merece um esforço para ser vivido plenamente, pois, sem dúvida alguma, é mais rico, mais ambicioso e mais apto para alimentar uma pregação profundamente cristã que o antigo ciclo ao qual nos havíamos habituado.

SITUAR CADA UMA DAS CELEBRAÇÕES EM SUA PRÓPRIA ETAPA DA HISTÓRIA DA SALVAÇÃO

Para viver, através do Ano Litúrgico, *a totalidade do mistério salvífico*, conforme pede a Constituição sobre a Liturgia, é preciso primeiramente "situar-se" devidamente em cada uma das etapas da História da Salvação. Da mesma forma que facilmente saberíamos dizer, por exemplo, que o que celebramos na Qüinquagésima pascal é o trânsito do Senhor ao Pai, assim deveríamos saber nas outras partes do ano qual etapa estamos celebrando e qual é seu sentido espiritual em relação à nossa vida cristã.

A respeito dessa "situação" é necessário, contudo, fazer uma observação: as celebrações litúrgicas não são aulas de história, nem tratados abstratos de teologia. O Ano Litúrgico tem um desenvolvimento um tanto livre; assemelha-se mais à contemplação de paisagens variadas que ao estudo logicamente rigoroso de um tema ou de um momento histórico (exatamente por isso é necessário reavaliar aquelas apresentações que pretendem propor "o tema" de um determinado domingo). Além disso, o Tempo Comum, diferentemente dos "tempos fortes", propõe algumas partes da História da Salvação a cada ano, e outras partes a cada dois anos, e em relação aos que rezam o Ofício das Leituras, uma parte em seu conteúdo integral, outra apenas em seus traços característicos.

Além de tudo isso, é preciso acrescentar ainda, principalmente para os que participam tanto da Eucaristia semanal quanto do Ofício das Leituras, que o Ano Litúrgico os coloca não diante de um só panorama, mas diante de dois ou mais (a leitura semanal da Missa, as dominicais, as do Ofício e as do evangelho). Nisso a liturgia assemelha-se à contemplação de vários quadros por parte de um apreciador de pintura; não se trata, portanto, de um tema único, mas sim da "situação" de

62   A Mesa da Palavra

cada tema em sua ambientação própria para que possa ser contemplado
e vivido, dando, se se quiser, uma maior intensidade reflexiva ora a um
conjunto, ora a outro (dessa forma a oração e a pregação ganham, além
do mais, grandes possibilidades de variação).

AS PRIMEIRAS SEMANAS
DO TEMPO COMUM DO CICLO PAR

Sugiramos agora brevemente a "situação litúrgica" das primeiras
semanas do Tempo Comum de um ano par (2008, 2010...). De acordo com o caráter de "começo" do ciclo, nesses dias semanais temos
um conjunto de "começos"; no Ofício das Leituras é-nos proposto
justamente o "começo" do mistério salvífico: o início do mundo e a
história dos antigos patriarcas. Terminado esse ciclo, somos convidados a reviver outro "início": o dos primeiros escritos da comunidade
cristã, as primeiras cartas apostólicas de Paulo (1 e 2 Tessalonicenses,
2 Coríntios).

Na Missa semanal nos encontramos em primeiro lugar com o mais
antigo dos evangelhos — com essa consignação, escrita por Marcos, da
pregação petrina se "iniciaram" os evangelhos —; nas primeiras leituras
da Missa é apresentada primeiro a etapa da História da Salvação que
vai desde o princípio da monarquia até a desavença das tribos do Norte,
e, terminado esse período, alguns escritos de forte contraste em relação
aos anteriores (estes, certamente por razão do contraste, necessitam
com maior urgência ser "situados" a fim de poderem ser vividos): alguns dos *últimos* escritos do Novo Testamento (Tiago, 1 e 2 Pedro).

ALGUMAS SUGESTÕES PARA "SITUAR-SE"
ESPIRITUALMENTE NESSAS SEMANAS

Comecemos por distinguir entre aqueles que celebram o Ofício das
Leituras e os que se limitam à leitura contínua da Missa. Aconselha-
ríamos aos primeiros centrar sua atenção na leitura do Gênesis; e isso
por várias razões:

As primeiras semanas do Tempo Comum 63

1) porque provavelmente será o livro que para eles será mais novo espiritualmente;

2) porque sua leitura no Ofício é muito mais completa daquela que o Lecionário da Missa dos anos ímpares lhes oferecerá nas 5ª-6ª e 12ª-14ª semanas (dos mais de mil e quinhentos versículos do Gênesis, o Lecionário da Missa contém apenas 386, enquanto no Ofício se lê o livro moralmente integral);

3) porque a mesma ambientação do Gênesis é diferente no Ofício e na missa: no Ofício, efetivamente, se lê o conjunto do livro como uma narrativa seguida que serve de introdução aos episódios da Páscoa judaica descritos nos livros restantes do Pentateuco, tal como será lido na próxima Quaresma. Na Missa, no entanto, o Gênesis se apresenta com um "espírito" diferente: primeiro é lido nas 5ª-6ª semanas a história das origens e, a partir da 12ª até a 20ª semanas, o resto do livro, formando um todo com os livros históricos restantes, até a época dos juízes; com esses simples dados já pode ser percebida a importância de uma leitura pausada desse livro, tal como apresentado pelo Lecionário bienal do Ofício (notemos mais uma vez que as comunidades contemplativas e os ministros ordenados que no Ofício usam o Lecionário anual prescindem definitivamente da plena mensagem desse livro que nunca será lido em sua totalidade). Como ajuda para aprofundar a mensagem do Gênesis, recomendaríamos servir-se de algum dos seguintes comentários: *Bíblia de Jerusalém*, introdução ao Pentateuco (principalmente a seção "sentido religioso"); BRIEND, J. *El Pentateuco*. Estella, Verbo Divino, 1977; *Comentario bíblico "san Jerónimo"*. Madrid, 1971. tomo 1 (principalmente "Significado del Pentateuco", pp. 55-57, "La historia de Gn y su significado" e "La enseñanza de Gn", pp. 60-64); IBAÑEZ ARANA, A. *Para compreender o livro do Gênesis*. São Paulo, Paulinas, 2003; KRAUSS, H.; KÜCHLER, M. *As origens: um estudo de Gênesis 1–11*. São Paulo, Paulinas, 2007; MICHAUD, R. *Los patriarcas*. Estella, Verbo Divino, 1983 (principalmente pp. 111-226); PROFESSORES DE SALAMANCA. *Bíblia comentada, 1 Pentateuco*. Madrid, BAC, 1962 (principalmente "Contenido teológico del Pentateuco", pp. 29-30 e "Doctrina religiosa y moral del Génesis", pp. 38-39).

A QUARESMA

VISÃO DE CONJUNTO

Em relação às leituras bíblicas da Quaresma, a temática dos diversos sistemas de leitura é muito mais variada que nos outros ciclos litúrgicos. Embora todos os lecionários desse tempo tenham um pano de fundo comum, que consiste na renovação da vida cristã, essa mesma temática é apresentada sob óticas muito diferentes, cada uma das quais com suas características próprias. Se essa diversidade de enfoques for esquecida, se o conjunto for unificado e reduzido a uma temática única, muitas das perícopes litúrgicas de fato passarão praticamente desapercebidas. Esse fenômeno, pensamos, ocorre mais de uma vez: ou tudo é reduzido às leituras da Missa ou tudo é centrado nos evangelhos dos domingos. Esse procedimento é inegavelmente um empobrecimento, sobretudo quando se prolonga ano após ano.

Comecemos, portanto, enfatizando que a característica principal das leituras da Quaresma se baseia menos na "novidade" de algumas leituras que vão sendo descobertas graças aos lecionários pós-conciliares, e mais na abundância de linhas concomitantes que é preciso unificar espiritualmente, de modo que cada uma delas contribua para a renovação quaresmal daqueles que os usam.

Talvez a atitude fundamental face às leituras quaresmais deva ser principalmente a de uma escuta repousada e penetrante que ajude o espírito a se impregnar progressivamente dos valores cristãos, conhecidos com certeza mas não suficientemente provados. Não se trata de algumas "meditações" mais ou menos intelectualizadas, mas sim de uma contemplação "proveitosa" do plano de Deus sobre os seres humanos e sua história, e de uma escuta diante do chamado de Deus a uma conversão que nos leva à paz e à felicidade.

UMA DIFICULDADE PSICOLÓGICA DIANTE DAS LEITURAS QUARESMAIS

Provavelmente, a abundância de elementos "novos", aqueles a que a reforma litúrgica nos habituou para o conjunto dos tempos litúrgicos, constitua uma certa dificuldade psicológica em relação aos lecionários quaresmais, não tão novos como os dos demais ciclos. Para a Quaresma, efetivamente, os lecionários apresentam uma certa releitura de textos bem mais conhecidos e muito mais semelhantes aos que eram usados antes da reforma. A repetição de algumas páginas já bem mais conhecidas facilmente se depara com um desejo subconsciente de "novidade" presente em quase todos os que já se acostumaram a que a liturgia seja diferente da anterior e muito mais variada. Pensamos que essa seja uma tentação que, por simplista, é preciso superar.

É inegavelmente positivo que as leituras sejam variadas, que a mensagem seja proclamada abundantemente, mas isso não significa que não haja passagens da Escritura mais importantes e sugestivas para determinadas celebrações, que seja necessário repetir frequëntemente. Além disso, de certo modo, pelo menos, é preciso inclusive que, para penetrar espiritualmente a mensagem, seja necessário ter um certo conhecimento prévio, pois o verdadeiro gosto e aprofundamento das perícopes é habitualmente posterior ao mero conhecimento intelectual (veja o que dissemos, citando a Ph. Béguerie, ao falar do Tempo do Natal, p. 35).

Aqui caberia lembrar e aplicar às leituras litúrgicas a lúcida asserção inaciana: "Não é o muito saber que farta e satisfaz a alma, mas o sentir e provar as coisas interiormente".

AS LINHAS DE FORÇA DA RENOVAÇÃO QUARESMAL

No conjunto dos lecionários quaresmais, emergem com facilidade algumas linhas de força nas quais se deve centrar a conversão quaresmal. Essa conversão está muito longe de se limitar aos meros aspectos

A Quaresma

morais sobre os quais quase sempre se fez apoiar o melhoramento quaresmal, e inclui, pelo menos, os seguintes capítulos:

a) A contemplação da História da Salvação realizada *por Deus* a favor dos seres humanos: devemos "converter-nos" de uma vida egocêntrica ou antropocêntrica, na qual o melhoramento pessoal e seu progresso são seu centro, a uma vida teocêntrica e cristocêntrica, na qual as obras de Deus tenham o lugar principal.

b) A "re-situação" do mistério pascal como culminação dessa História Sagrada: devemos "nos converter" da visão de um Deus comum a todo ser humano justo a um Deus tal como foi revelado na pessoa de Cristo e em sua vitória presente nos sacramentos de sua Igreja.

c) A renovação moral através da luta contra o mal e o fortalecimento das virtudes próprias do ser humano e do cristão.

É preciso insistir em que essas três linhas devem ser propostas todas simultaneamente.

Temos a primeira linha de força — a contemplação da História da Salvação — principalmente nas leituras do Antigo Testamento dos domingos e nas leituras da Vigília Pascal. A segunda — a "re-situação" do mistério pascal como ápice da vida cristã — nas do Ofício das Leituras (história da *Páscoa* de Israel), nos evangelhos do 3º, 4º e 5º domingos (os sacramentos *pascais*) e, pelo menos de certa maneira, nos evangelhos semanais a partir da segunda-feira da 4ª semana (oposição de Jesus ao mal — "os judeus" —, que termina com a vitória *pascal* de Jesus sobre a morte, mal supremo). A terceira linha — renovação moral do cristão e luta pessoal contra o mal — aparece particularmente nas leituras apostólicas dos domingos e no conjunto de leituras semanais das Missas das três primeiras semanas.

Vale a pena destacar que as três linhas de força de que viemos falando se encontram, com maior ou menor intensidade, ao alcance de todos os fiéis: desde os que se limitam a participar unicamente da Missa dominical até os que tomam parte também na Eucaristia dos dias semanais e aqueles que rezam também o Ofício das Leituras (principalmente os ministros da Palavra e os contemplativos). Com intensidades diversas, mas com um conteúdo fundamentalmente idêntico, todos os fiéis bebem, através da liturgia quaresmal, em uma fonte que os convida à conversão e renovação sob todos os seus aspectos.

AS LEITURAS DOMINICAIS DO ANTIGO TESTAMENTO

Não pretendemos fazer aqui um comentário, muito menos um roteiro, a essas leituras, mas simplesmente situá-las no conjunto e destacar sua importância.

Trata-se de cinco perícopes que ocupam — ou devem ocupar — um lugar central tanto na espiritualidade quanto na catequese. Não hesitaríamos em afirmar que esse conjunto de leituras dos domingos da Quaresma constitui, ao que se refere às leituras dominicais do Antigo Testamento, a melhor parte realizada de todo o Lecionário. O bloco de leituras, apresentadas com seu devido dinamismo, deveria estar na base de qualquer catequese, tanto de crianças quanto de outras pessoas que desejam *iniciar-se* na fé e na vida cristã; também deveria ser o fundamento de toda a vida autenticamente contemplativa. Essas leituras, efetivamente, chamam a atenção para a ameaça constante do egocentrismo — também o espiritual, que tende a colocar o próprio progresso na virtude acima da ação de Deus sobre nós — e para a primazia da ação de Deus. Mas uma coisa é certa: é imprescindível fugir de tudo quanto possa reduzir essas leituras a simples "historinhas" isoladas ou a meras páginas pobremente moralizantes; o conjunto das leituras deve ser vivido com força, principalmente como uma visão contemplativa da ação de Deus, o qual é o protagonista da História da Salvação e dá ao ser humano gratuitamente o que este último não merece em razão de seu repetido pecado e infidelidade.

Os cinco passos dessa história, cada qual à sua maneira, insistem em que o plano de Deus é *salvação*. Deus cria o ser humano bom, dando-lhe seu próprio espírito: assim começa a História da Salvação; Deus escolhe gratuitamente Abraão e inicia com ele uma *salvação* universal: "Por tua descendência serão abençoadas todas as nações da terra"; se o povo — a humanidade de todos os tempos — duvida, Deus continua intervindo e o salva, dando-lhe a água abundante, inclusive quando Israel peca por desconfiança; Deus dá um rei, Davi, figura próxima de Cristo (precisamente esse rei, a figura mais evocativa da presença de Jesus-Pastor, é-nos apresentado no domingo alegre por antonomásia, o domingo *Laetare*); nesse domingo, assim que se

A Quaresma

ouve o anúncio da unção de Davi, o povo aclama o verdadeiro Davi — o "Filho de Davi" Jesus — como seu pastor; essa preciosa síntese contemplativa do Deus salvador termina finalmente com a visão de Ezequiel: é anunciada ao povo desanimado pelas dificuldades do exílio uma *salvação* que será a ressurreição e restauração de Israel castigado por suas infidelidades.

Esses cinco passos, que todos os cristãos escutam, são chamados para que "nos convertamos", para que centremos tudo na ação *salvífica* de Deus; de um Deus que nos chama à alegria do Evangelho da salvação gratuita, de uma salvação que persevera, embora o ser humano que recebeu o espírito de Deus desobedeça, embora este mesmo ser humano murmure diante das provas do deserto, embora peça um rei por caminhos diferentes do plano de Deus, pensando em um chefe alto e prestigioso como Saul ou como os filhos mais velhos de Jessé.

Conhecemos intelectualmente bem essa síntese contemplativa da História Sagrada; mas, como afirmado anteriormente, trata-se de convertê-la em contemplação, em causa de ação de graça, em motivo de louvor.

Digamos também que mergulhar de modo contemplativo, com admiração, nessa história "maravilhosa" das diversas etapas da salvação constitui, por si só, uma iniciação para adentrar-se na principal celebração contemplativa da Palavra tal como nos será proposta pela liturgia da Vigília Pascal.

Realmente, na Noite Santa voltaremos a percorrer, com outras perícopes mas com um conteúdo parecido, a mesma história que nos propõem as leituras dominicais do Antigo Testamento: desde a criação, passando por Abraão, Moisés e os profetas, lembraremos outra vez naquela noite as maravilhas de Deus; mas na Noite Pascal veremos essas maravilhas com o anúncio da ressurreição do Senhor.

Habituar-se a escutar essas leituras com um fundo contemplativo e de admiração, acostumar-se a orar dando graças durante a proclamação das grandes ações salvíficas de Deus, é incorporar-se à melhor escola de oração cristã, da qual, sendo sincero, às vezes muitos fiéis estão tão distantes, inclusive aqueles que institucionalmente são os "contemplativos" da Igreja.

AS LEITURAS DOMINICAIS DOS EVANGELHOS

O conjunto desse bloco tem também uma inegável coerência e unidade interna que é preciso destacar: trata-se do caminho pascal de Cristo e da participação nele por parte da Igreja através dos sacramentos pascais. Cristo luta contra o mal, vence-o e chega à vitória. É o sentido dos relatos do deserto e da transfiguração. A Igreja, por sua parte, adere a esse caminho por meio dos sacramentos pascais simbolizados nos tradicionais textos da Samaritana, do Cego de nascença e de Lázaro.

É preciso cuidar para que os textos sejam bem proclamados — mais importante, sem dúvida alguma, que uma boa homilia — e para que os participantes habituem-se a orar durante a proclamação das leituras. Desse modo, se a oração sobre os textos evangélicos conseguir durante a proclamação um verdadeiro ambiente de pregação, terá uma nova ocasião de ser revivida tanto no prefácio — que deveria ser cantado a fim de gerar um ambiente melhor de oração contemplativa — como durante as antífonas do cântico evangélico na recitação do Ofício.

AS EPÍSTOLAS DOMINICAIS

Esse grupo de leitura é, no conjunto de perícopes quaresmais, o de menor autonomia. De certa maneira, sua função se limita a ser como um eco, antes da primeira leitura, antes do evangelho ou antes de ambos. É preciso ter muito presente esse caráter diferencial para situar-se corretamente diante dessas leituras. As perícopes devem ser escutadas à maneira de homilia dos outros textos, com um espírito um tanto relaxado. Nelas não se dá nem um plano de conjunto, nem o aspecto de leitura contínua, nem sequer semicontínua; por isso, não necessitam um esforço especial de reflexão: trata-se antes de escutá-las como uma música de fundo relaxante. Inclusive pode ser dito que essas leituras apostólicas, durante a Quaresma, tendem a ser a parte moralizante por antonomásia desse tempo de conversão e mudança: várias delas tentam aplicar à vida pessoal o que as outras leituras apresentaram sobretudo como plano salvífico de Deus.

Assim, por exemplo, aquele fato salvífico do ser humano criado por Deus na bondade, tal como nos é apresentado pelo Gênesis no 1º domingo, é-nos oferecido pela segunda leitura como um plano restaurado: o ser humano, realmente, depois do pecado de Adão, foi "justificado" por Cristo. O ideal de tomar parte nos duros combates do Evangelho para chegar a ser transfigurados, que nos pede a leitura apostólica do 2º domingo, é como a atitude moral que corresponde ao relato da transfiguração do Senhor. Também no 3º domingo a carta apostólica nos fala do Espírito que Deus derramou em nós para oferecer como um desenvolvimento da homilia que nos ajuda a penetrar e saborear o significado da promessa do Senhor à Samaritana. No 4º domingo a vertente moral da leitura do Apóstolo é evidente: o evangelho nos fala do batismo como iluminação; o Apóstolo nos convida a viver como filhos da luz. No último domingo da série, da qual ouvimos e ouviremos o anúncio da ressurreição na profecia e no evangelho, nos incita a viver segundo o Espírito, que é quem ressuscitou Cristo e nos ressuscitará.

É importante fazer um esforço para "situar-se" corretamente diante dessa série de leituras: devem ser escutadas à maneira de reflexão-comentário. Mais que buscar uma explicação para elas, é necessário descobrir as que têm por função ser comentário ou explicação. Pensamos que esse aspecto deve ser visto de maneira clara principalmente pelos responsáveis da homilia; e também aquelas comunidades que, às vezes, se sentem "pobres" e se lamentam por falta de homilia — pensamos principalmente em muitas comunidades contemplativas femininas — não podem encontrar nessas leituras *devidamente proclamadas* e corretamente ambientadas e escutadas um comentário homilético bastante melhor daquele que alguns homiletas oferecem?

AS LEITURAS DAS MISSAS SEMANAIS

Eis aqui um novo grupo de perícopes de grande influência na vida espiritual de alguns fiéis. De fato, geralmente centram nelas sua atenção sobretudo os religiosos de vida ativa e aqueles leigos que dão maior valor à espiritualidade, que costumam participar todos os dias na Eucaristia. Inclusive, às vezes, os mesmos que rezam diariamente o Ofício das Leituras prestam mais atenção a esse grupo de textos da Missa que ao mais abundante e geralmente mais rico do Ofício.

Comecemos fazendo algumas observações prévias para esclarecer o conteúdo desse grupo. Nas leituras do Missal atual se nota uma certa influência do Missal anterior, cujas leituras, por sua vez, dependiam de um complexo processo de sedimentação histórica. Nas origens da organização da Quaresma, efetivamente, apenas havia Missa (além do domingo) às quartas e sextas-feiras; para esses dois dias se organizou, portanto, uma primeira seleção de perícopes. Mais tarde se acrescentou a celebração das segundas-feiras, depois a das terças; mais tarde a dos sábados, e finalmente a das quintas-feiras. Cada vez que se incorporava um novo dia celebrativo, devia ser selecionado um novo grupo de leituras para essas celebrações. E as novas leituras eram escolhidas segundo a visão que naquele momento se tinha da Quaresma e de suas finalidades.

Entre o momento em que foi feita a seleção de leituras para as quartas e sextas-feiras, e aquele em que foram escolhidas as das quintas passaram-se vários séculos. Se no início se vivia principalmente toda a Quaresma como preparação do batismo visto como incorporação à Páscoa de Jesus, quando foram selecionados os textos das quintas-feiras já havia tempo que o batismo de adultos tinha desaparecido. Nada de estranho, portanto, que as leituras das quintas-feiras insistissem principalmente no culto do santo titular da igreja romana em que se tinha a "estação", enquanto as mais antigas tiveram como centro de interesse temas mais teológicos, como o batismo ou a reconciliação dos penitentes ou a preparação para a Páscoa.

Quando os trabalhos de reforma dos lecionários foram iniciados, os que intervieram já tinham uma experiência de longos anos, que dificilmente poderiam esquecer: o Tempo da Quaresma, no que se referia ao Lecionário das Missas semanais, havia sido sempre o mais rico de todo o ano. Na realidade, era o único que possuía leituras próprias para cada dia; verdadeiramente, nos tempos restantes — incluindo a Páscoa — se repetiam todos os dias as leituras do domingo anterior ou, no máximo, eram usadas as de algum comum dos santos.

Na mente de todos estava, portanto, o ideal de conseguir para os demais tempos a mesma riqueza que se tinha na Quaresma. Cabia, então, na melhor das hipóteses, pensar em um melhoramento do sistema de leituras quaresmais. Mas a ninguém ocorreu a idéia de abandonar

A Quaresma 73

esse rico e antiqüíssimo Lecionário para substituí-lo por outro. E esse ciclo, que parecia naquele momento tão rico, era na realidade — comentamos antes — o resultado de uma longa sedimentação de idéias convergentes.

Portanto, não nos causa estranhamento que as leituras quaresmais do Missal atual, fundamentalmente herdadas de antigos lecionários, continuem tendo uma temática bastante variada, muito distante por isso tanto de uma leitura contínua como de um plano concebido conjuntamente, que são as formas a que fomos acostumados pelos lecionários saídos da reforma conciliar.

Comecemos por dizer que o atual Lecionário semanal da Missa divide a Quaresma em duas partes, primeira herança do antigo Lecionário: de um lado, temos os dias que vão da Quarta-feira de Cinzas até o sábado da 3ª semana; e, do outro, os dias semanais que transcorrem desde a segunda-feira da 4ª semana — início de uma Quaresma mais antiga — até o começo do Tríduo Pascal.

a) Na primeira parte da Quaresma, as leituras vão apresentando, positivamente, as atitudes fundamentais do viver cristão, e, negativamente, a mudança dos defeitos que obscurecem nosso seguimento de Jesus. Nesses dias semanais, ambas as leituras costumam ter uma unidade temática bastante marcada que insiste em temas como a conversão e o sentido do Tempo da Quaresma (Quarta-feira de Cinzas), o amor ao próximo (segunda-feira 1ª), a pregação (terça-feira 1ª), a conversão (quarta-feira 1ª), a intercessão da Igreja pelos pecadores (quinta-feira 1ª), o exame das próprias atitudes (sexta-feira 1ª) etc.

Outra das características herdadas também do antigo Missal — embora não sejam lidos materialmente os mesmos textos nos mesmos dias semanais que antes — é o fato de privilegiar os dois dias semanais primitivos da quarta-feira, e principalmente toda a sexta-feira, com leituras de maior importância que as dos dias semanais restantes (alusivas sobretudo à Paixão e à conversão).

b) Na segunda etapa da Quaresma — a partir da segunda-feira 4ª — o Lecionário muda de perspectiva: é oferecida uma leitura semicontínua de João, escolhendo sobretudo os trechos nos quais se propõe a oposição crescente entre Jesus e os "judeus".

Essa contemplação do Senhor enfrentando-se com o mal, personalizado por João nos "judeus", é uma chamada a fortalecer a luta quaresmal, não apenas em uma linha ascética, mas principalmente no contexto da comunhão com Cristo, o único vencedor absoluto do mal.

Nesses dias semanais, as leituras não estão tão ligadas tematicamente entre si, mas apresentam, de maneira independente, por um lado a figura do Servo de Iahweh ou de outro personagem — Jeremias especialmente — que vem a ser como imagem e profecia do Salvador crucificado; e, por outro, o desenvolvimento da trama que culminará na morte e vitória de Cristo.

Para a maioria dos fiéis — para os religiosos principalmente e para os que viveram longos anos a liturgia quaresmal da Missa — sugerimos escutar as leituras dos primeiros dias semanais com espírito tranqüilo: a simples lembrança de alguns temas conhecidos lhes suscitará o exame e a necessidade de conversão, sem que sejam necessários muitos esforços analíticos ou meditativos sobre cada um dos textos.

No entanto, a partir da segunda-feira da 4ª semana aparece um tema talvez mais desconhecido: o conjunto dinâmico que, partindo das "obras" e "palavras" de Jesus, vai até a chegada de sua "Hora". Para muitos pode ser aconselhável fazer um esforço de meditação *contínua* desses evangelhos em sua trama progressiva. Esse tema pode resultar muito novo e enriquecedor. Embora às vezes sejam conhecidas as perícopes, por outro lado poucas vezes se descobriu o significado dinâmico que une o conjunto dessas leituras, conjunto que desemboca na "Hora" de Jesus, ou seja, em sua glorificação através da morte, que celebramos no Tríduo Pascal.

O LECIONÁRIO DO OFÍCIO DAS LEITURAS

No conjunto de textos quaresmais, esse grupo, junto com o das leituras de João nas Missas das últimas semanas, é o único que nos oferece uma leitura semicontínua da Escritura. O sistema de leituras que nos outros tempos é o mais habitual, tanto no Ofício quanto nas Missas dominicais e semanais, é encontrado durante a Quaresma nesse

A Quaresma

Lecionário. Essa é uma realidade que dá às leituras do Ofício um papel especialmente importante.

No ano ímpar do Lecionário bienal são lidos, antes de tudo, trechos do livro do Deuteronômio e da carta aos Hebreus (sobre o Deuteronômio, veja pp. 66-72). A carta aos Hebreus "interpreta a antiga aliança à luz do mistério pascal de Cristo. Dessa mesma carta será lido na Sexta-feira Santa o trecho acerca do sacrifício de Cristo (cf. 9,11-28) e, no Sábado Santo, o que trata do descanso do Senhor (cf. 4,1-16). Nos outros dias da Semana Santa são lidos os cantos terceiro e quarto do Servo do Senhor, tomados do livro de Isaías, e perícopes do livro das Lamentações" (IGLH 150).

No ano par se lê no Ofício das Leituras "uma visão geral da História da Salvação, de acordo com os livros do Êxodo, Levítico e Números" (IGLH 150): leitura que nos prepara à Páscoa definitiva de Cristo, com a qual a Quaresma chegará a seu ápice (sobre essas leituras, veja o capítulo seguinte desta obra).

Na Semana Santa, no ano par, se lê uma sugestiva antologia de Jeremias, figura do Senhor paciente. A combinação de textos da Páscoa judaica com os de Jeremias convida a passar para a Páscoa de Jesus.

Essas leituras do Ofício Divino talvez sejam as que requerem mais "meditação", pois são tanto as mais novas para a maioria de fiéis quanto as mais extensas. Inclusive seria sugestivo que as pessoas e comunidades que habitualmente não rezam o Ofício das Leituras se servissem durante a Quaresma desse Lecionário nas Laudes ou nas Vésperas; com isso enriqueceriam, sem dúvida, sua espiritualidade e se preparariam melhor para a celebração da Páscoa.

CONCLUSÃO

Os lecionários quaresmais têm seu próprio conteúdo e muitas facetas. Provavelmente, mais de uma pessoa pensará que são demasiadas. Mas não se trata de meditar e esclarecer todas as possibilidades e conteúdos de cada um desses conjuntos. Trata-se simplesmente de situar-se corretamente na ótica de cada um deles, de deixar que suas mensagens, umas mais meditadas que outras, suavemente escutadas, penetrem no espírito; os primeiros serão como chuva fecundante; os segundos, como suave orvalho refrescante; ambos nos levarão, cada qual à sua maneira, à renovação pascal, que é a finalidade última do Tempo da Quaresma.

A PÁSCOA DE ISRAEL
NO LECIONÁRIO DA QUARESMA

No capítulo anterior tratamos das leituras bíblicas da Quaresma. Agora vamos insistir nessa mesma temática, embora com enfoque um pouco diferente. Antes nos referimos principalmente ao conjunto dos diversos escritos que a liturgia proclama nesse tempo, insistindo sobretudo na conveniência de relacionar de alguma maneira as diferentes linhas de força que os diversos lecionários apresentam; agora vamos sugerir outros caminhos, com o fim de conseguir a devida renovação da vida cristã e a adequada preparação para a Páscoa, almejada no tempo litúrgico da Quaresma.

Isso levando-se em conta que a "unificação" dos diversos sistemas de leituras não pode ser esquecida, pois, sem essa visão unitária, o conjunto de leituras quaresmais corre o risco de se dispersar de tal modo que se tornará difícil captar de maneira clara e concreta a finalidade buscada nelas.

ATENDER A TODAS AS LEITURAS, DESTACAR ALGUMAS DO CONJUNTO

Mas esse atender ao conjunto das leituras não se opõe à possibilidade — à conveniência inclusive — de destacar de modo especial as linhas de força de alguns dos lecionários quaresmais concretamente, como nos propomos fazer nestas linhas. E mais do que isso: o fato de destacar, no conjunto dos lecionários, em alguns anos, um grupo de leituras, e em outros anos, outro grupo, faz, sem dúvida alguma, com que cada uma das celebrações da Quaresma consiga uma fisionomia própria, algumas características diferentes; e assim, sem descuidar da finalidade comum da celebração quaresmal todos os anos, consegue-se que cada nova Quaresma seja, de certa maneira, mais sugestiva e interessante, porque alguma de suas facetas aparece sempre como "nova".

Por outro lado, o que em um determinado ano foi aprofundado com intensidade, dificilmente deixará de ficar como gravado no espírito, de tal maneira que em anos sucessivos a simples leitura desses mesmos textos fixados no espírito através de uma reflexão profunda suscitará, por si mesma e sem posteriores comentários nem subsídios, determinadas atitudes espirituais.

AS TRÊS LINHAS DAS LEITURAS BÍBLICAS QUARESMAIS

Os lecionários quaresmais se movimentam principalmente, como dizíamos no capítulo anterior, em três direções complementares: (a) contemplação da História da Salvação no Antigo Testamento culminada na Páscoa de Israel; (b) contemplação da obra de Cristo, vencendo a morte e o mal, como realização definitiva da Páscoa anunciada no Antigo Testamento; e (c) incorporação pessoal para a Páscoa de Cristo por meio da ascese e da participação nos sacramentos. Essas direções se refletem nas diversas séries de leituras da Eucaristia e do Ofício.

Essa esquematização em três capítulos principais é uma síntese — é preciso confessar — apenas esquemática e aproximativa. O conteúdo das leituras bíblicas quaresmais é sem dúvida muito mais rico em matizes. Não pode ser esquecido, por exemplo, o conjunto de leituras breves, às quais aludimos e que contêm também contínuas chamadas às três facetas de conversão, de recordação da Páscoa de Israel e de contemplação do mistério de Cristo, constituindo uma constante "semeadura" e um precioso instrumento para a devida vivência da Quaresma (cf. IGLH 45), leituras que muitas vezes passam despercebidas.

UM PLANO "NOVO" E ENRIQUECEDOR PARA A QUARESMA

O título desta seção pode provocar engano, e por isso necessita de um esclarecimento. Não se trata de dar livre acesso à "criatividade" sem controle e sugerir um novo Lecionário litúrgico diferente dos oficiais. Se nos referimos a um plano "novo", a novidade a qual aludimos é uma novidade sobretudo subjetiva: a de uma Quaresma vivida principalmente à luz de uma intensa meditação do livro da Lei, dos

A Páscoa de Israel no Lecionário da Quaresma 79

principais capítulos do Pentateuco, tal como propõe desde muito antigamente a liturgia quaresmal, e que são os lidos no Ofício das Leituras, principalmente nos anos pares do Lecionário bienal.

É possível que alguns considerem os primeiros livros da Escritura pouco adequados para a oração, pouco "espirituais". Para essas pessoas, é preciso lembrar que "tudo o que outrora foi escrito, foi escrito para nossa instrução" (Rm 15,4), e que, entre essas Escrituras, os livros do Pentateuco ocupam um lugar integrante muito destacado. As páginas desse livro proposto a nós pela liturgia são basicamente "Palavra de Deus", e não se limitam a ser simples documentos de uma antiga literatura que os eruditos estudam exegeticamente. É preciso insistir nesse aspecto, sobretudo porque os estudos bíblicos, hoje limitados com muita freqüência à mera exegese histórica e científica, fazem esquecer às vezes que o fundamental na Escritura é sempre sua "espiritualidade", o "nosso ensino" do qual fala a carta aos Romanos. Temos um bom testemunho de como a antiga Igreja soube viver a espiritualidade do Pentateuco nas célebres e antiqüíssimas homilias de Orígenes († 231) realizadas nas reuniões de oração, não em suas aulas (que também as ministrou), para que o povo vivesse a Palavra de Deus.

Para viver a Quaresma, com certeza as leituras das Missas — dominicais e semanais — foram meditadas várias vezes, insistindo em suas diversas linhas e possibilidades: evangelhos, primeiras leituras, epístolas, relação entre a primeira leitura e o evangelho (especialmente fácil em algumas Missas semanais; inexistente, ao contrário, nos domingos). Esse procedimento para muitos será um caminho que já deu tudo o que podia dar. No entanto, uma leitura contínua, espiritual e sapiencial, com a convicção de que essas páginas foram escritas "para nossa instrução", uma leitura que supere a mera exegese literal — embora tenha sua base nela para evitar os alegorismos nocivos e alheios à Palavra — será, sem dúvida, algo "novo" e "enriquecedor".

QUANDO FAZER AS LEITURAS LITÚRGICAS DA HISTÓRIA DA PÁSCOA DE ISRAEL

As leituras que propomos como base para a oração de uma Quaresma determinada de "ano par" correspondem ao Ofício das Leituras. As

80   A Mesa da Palavra

comunidades monásticas e contemplativas e os ministros ordenados terão nesse Ofício o alimento principal da Quaresma que aqui propomos.

Mas aqueles que não rezam habitualmente o Ofício das Leituras — a maioria dos religiosos de vida ativa e leigos — podem incorporar essa leitura litúrgica de diversas maneiras; ou seja, não apenas podem ler privadamente o Pentateuco, mas também fazer de sua leitura uma celebração litúrgica. Em primeiro lugar, cabe incorporar esse Lecionário à celebração das Laudes ou das Vésperas, substituindo com essa perícope a leitura breve desse Ofício. É uma possibilidade sugerida explicitamente pela Instrução Geral sobre a Liturgia das Horas (cf. IGLH 46) precisamente como a primeira — a mais aconselhável sem dúvida — das possibilidades para quando se deseja incorporar uma mais ampla proclamação da Palavra nas Laudes ou nas Vésperas.

Outra possibilidade interessante é incorporar às Laudes ou às Vésperas não apenas a perícope bíblica do Ofício das Leituras, mas inclusive a breve salmodia dessa celebração. Ela seria uma forma mais rica — e, por outro lado, não muito difícil — de melhorar espiritualmente a Quaresma.

Realmente, depois do Concílio, determinar que o antigo Ofício das Matinas (o atual Ofício das Leituras) "tivesse menos salmos e leituras mais longas" (SC 89), a reforma pós-conciliar reduziu, na prática, a salmodia desse Ofício a um só salmo dividido em três breves seções, ou no máximo a dois salmos muito breves. O Ofício das Leituras consiste hoje, portanto, em uma leitura ampla ambientada por um salmo que, por outro lado, tem freqüentemente um conteúdo mais de meditação sapiencial ou histórica que de súplica. Se isso for levado em consideração, não será tão difícil incorporar o Ofício das Leituras integral às Laudes ou às Vésperas: mais que de dois Ofícios, trata-se, na verdade, de algumas Vésperas ou Laudes, às quais foi incorporada uma longa proclamação da Palavra, previamente introduzida por um salmo para ambientar. Portanto, uma celebração muito adequada para o Tempo da Quaresma, que é tempo de oração.

Sobre a maneira concreta de fazer esse Ofício, fala suficientemente a Instrução Geral sobre a Liturgia das Horas (cf. IGLH 99). Depois do versículo do Invitatório ("Abri os meus lábios, ó Senhor") se se tratar das Laudes, ou do "Vinde, ó Deus, em meu auxílio", se se tratar das

A Páscoa de Israel no Lecionário da Quaresma 81

Vésperas, se canta um hino quaresmal; depois segue a salmodia do Ofício das Leituras, as leituras bíblica e patrística com seus responsórios, e a seguir os elementos restantes das Laudes ou das Vésperas. Apenas é preciso advertir que não é possível unir o Ofício das Leituras de um sábado com as Vésperas I do domingo, pois o Ofício das Leituras seria, nesse caso, uma celebração semanal e penitencial, enquanto as Vésperas seriam dominicais e festivas.

CONTINUIDADE NA LEITURA DO PENTATEUCO

Enquanto durante a Quaresma na Missa ocorre muito pouco a leitura contínua (usada unicamente nos evangelhos semanais a partir da segunda-feira da 4ª semana), no Ofício, pelo contrário, Êxodo, Levítico e Números são lidos de maneira semicontínua e com um dinamismo muito rico e estudado. Por isso, nessa leitura se impõe a continuidade, e não cabe, de maneira alguma, uma leitura do Pentateuco reservada apenas a alguns dias. Aqueles que optarem, portanto, por incorporar esse Lecionário à sua Quaresma — seja através da adoção do Ofício das Leituras completo, seja por meio da incorporação dessas perícopes às Laudes ou às Vésperas — precisarão adotar a leitura todos os dias, e não apenas em algumas ocasiões.

Realmente, por se tratar de uma leitura *contínua*, não teria sentido adotá-la apenas em alguns dias mais importantes, aos domingos, por exemplo, ou às sextas-feiras, pois essas leituras apenas têm sentido quando relacionadas com o conjunto de todas as perícopes.

Assim, é oportuno ler a perícope correspondente alguns dias como leitura substitutiva da leitura breve das Laudes ou das Vésperas; outros, no entanto — os domingos, por exemplo, e/ou as sextas-feiras — incorporando na íntegra todo o Ofício das Leituras. Neste caso, a seqüência de leituras bíblicas ficaria ininterrupta, enquanto apenas nos dias principais se acrescentaria, além dela, uma leitura patrística. A ausência diária da leitura patrística não supõe nenhuma dificuldade, pois não constitui um todo que exija continuidade, mas é uma antologia de textos independentes, nos quais convém, portanto, ler alguns textos e outros não.

A PANORÂMICA DA LIBERDADE DE ISRAEL COMO IMAGEM DA PÁSCOA CRISTÃ

As leituras bíblico-litúrgicas que apresentam o panorama da História da Salvação tomadas dos livros do Êxodo, do Levítico e dos Números figuram tanto no Lecionário reduzido (anual) quanto no Lecionário completo (bienal). Mas aparecem com um dinamismo bastante diferente.

As três primeiras semanas quaresmais são idênticas em ambos os lecionários. Mas a partir do 4º domingo as leituras diferem porque o Lecionário anual omite muitos textos para dar lugar à carta aos Hebreus, carta que no Lecionário bienal passa para os anos ímpares.

Essa redução na leitura do Pentateuco não é apenas material, mas também afeta e empobrece o dinamismo do conjunto. Talvez essa pobreza no Lecionário anual seja conseqüência do pouco tempo que se dedicou à preparação desse Lecionário em comparação com os mais de seis anos dos quais se beneficiou a preparação do Lecionário bienal.[1] Possivelmente foi em razão dessa grande diferença de conteúdo entre a apresentação anual e a bienal que a Congregação para o Culto Divino e a Disciplina dos Sacramentos se viu quase que obrigada a recomendar o uso do Lecionário bienal em lugar do anual que aparece na edição espanhola e brasileira da Liturgia das Horas.[2] E por isso seguramente também a Instrução Geral sobre a Liturgia das Horas descreve amplamente as motivações da seleção de perícopes do Lecionário bienal (cf. IGLH 146-152), enquanto não dá nenhuma explicação sobre a distribuição anual de leituras. Isso, no fundo, é reconhecer que, em relação à distribuição anual de leituras, algumas motivações verdadeiras ou são inexistentes ou, pelo menos, pouco convincentes.

Quanto ao conteúdo desses lecionários, ambos, bienal e anual, começam com a descrição da escravidão de Israel no Egito (Quinta-feira de Cinzas), imagem da escravidão do pecado, da qual o ser humano deve livrar-se através da penitência e de outros exercícios quaresmais.

---

[1] Cf. FARNÉS, J. Algunos aspectos de la nueva Liturgia de las Horas (sobretudo a seção "Un poco de historia sobre la preparación del leccionario del Oficio Divino"). *Phase* 16 (1976), pp. 195-198.

[2] Cf. *Notitiae* 12 (1976), pp. 238-239.

A Páscoa de Israel no Lecionário da Quaresma

Assim começa a Quaresma em ambos os lecionários. Mas, enquanto o Lecionário bienal termina a panorâmica das leituras do Pentateuco com a sugestiva visão de Balaão já contemplando as tendas de Jacó espalhadas como jardins junto ao rio e devorando as nações inimigas (sábado da 5ª semana, Nm 24,1-19) — figura do novo Israel abençoado por Deus na Páscoa de Cristo que tritura o inimigo do pecado e da morte — o Lecionário anual termina com uma página antes triste e pouco pascal: a das infidelidades do deserto junto às águas de Meriba (sábado da 4ª semana, Nm 21,1-9).

Entre ambos os lecionários, portanto, não há apenas a diferença que poderia mediar entre um Lecionário mais reduzido materialmente pelo menor número de leituras face a outro Lecionário materialmente mais amplo — no anual se lê o Pentateuco durante quatro semanas, no bienal, durante cinco —, mas se trata principalmente de uma perspectiva e de uma dinâmica bastante diferente. O Lecionário anual apresenta uma Quaresma mais sombria, mais fechada em si mesma, menos aberta ao triunfo pascal, e concluída com o quadro das infidelidades e pecados do ser humano. No bienal, ao contrário, aparece uma Quaresma com luta, com tentação, com infidelidades inclusive — assim a vida cristã é na realidade —, mas também, e principalmente, luminosa em sua culminação, aberta à Páscoa. No conjunto da leitura bienal, o Tempo da Quaresma aparece como o caminhar de um povo que, na ressurreição de Cristo, recebe na última etapa de sua peregrinação uma bênção imprevista, à maneira daquele inesperado oráculo que Balaão pronunciou sobre Israel.

Seguir o Lecionário anual é fácil, pelo menos para os que têm à mão a edição completa da Liturgia das Horas. Adotar, no entanto, o Lecionário bienal na prática comporta alguns incômodos, pelo menos materialmente; por isso muitos renunciam a seu uso, apesar da riqueza desse Lecionário ser muito maior. Mas gostaríamos de insistir que o esforço aqui vale a pena, pois se trata de conseguir uma vivência mais plena das celebrações pascais.

A edição bienal dessas leituras (como a que oferecem as beneditinas de Zamora ou a edição da Liturgia das Horas para Colômbia-México) está sendo preparada oficialmente em Roma como o tomo V da Liturgia das Horas.

A VIVÊNCIA ESPIRITUAL DAS LEITURAS BÍBLICAS DO OFÍCIO

Como dissemos, a principal finalidade da leitura litúrgica da Escritura é facilitar a contemplação da obra de Deus e intensificar o diálogo da oração. Principalmente quando se trata, como no Lecionário da Quaresma, de leituras históricas do Antigo Testamento, a falta de hábito de se referir a essas páginas como tema de oração pode dificultar de certa forma a fidelidade principal dessa proclamação litúrgica. Por isso, parece-nos especialmente importante indicar pistas que possam ajudar na realização dessa pregação.

A primeira delas é a atitude de olhar, desde o princípio da Quaresma, todo o conjunto do Pentateuco como um todo unitário: o amplo panorama do êxodo, que descreve a libertação dos escravos do Egito e culmina com a prospectiva da contemplação da terra prometida no oráculo de Balaão, dá motivo e oferece uma rica temática para reviver na fé o amor de Deus preocupado com os sofrimentos do povo escravo, a vocação de Moisés, como figura de Cristo libertador, a força do Faraó, figura do mal que quer escravizar o ser humano, e, ao mesmo tempo, a irrevogável decisão de Deus de levar ao cumprimento, apesar de tudo, seu plano de salvação.

Todo esse rico e vasto complexo de fatos e experiências, que sob o nome de êxodo ou Páscoa foi para o pensamento judeu e cristão o tipo e a dádiva de todas as libertações efetuadas por Deus em favor de seu povo, é a figura e a antecipação dos bens atuais e futuros que o amor de Deus prepara para o ser humano e que o cristão acredita receber na Páscoa de Jesus. E particularmente, no contexto da liturgia quaresmal, esses fatos se convertem no sinal do itinerário pascal que, em nossa experiência de fiéis, deve fazer-nos passar da morte e escravidão do pecado à vida e à liberdade na ressurreição de Jesus Cristo.

À luz dessa linha de força, cada uma das perícopes, inclusive lidas separadamente, será convertida com facilidade em tema de contemplação e pregação cristã.

Uma segunda pista para facilitar a inteligência espiritual de cada uma das perícopes consiste em prestar atenção no título que o Lecionário dá à leitura de cada dia; esse título — que por outro lado não deve

A Páscoa de Israel no Lecionário da Quaresma 85

ser lido na celebração, pois apenas é para a orientação pessoal — mostra a razão pela qual foi escolhido cada um dos trechos bíblicos.

Terminemos estas reflexões indicando uma terceira e interessante pista que pode iluminar e intensificar a pregação: consiste em dar especial ênfase ao responsório próprio que segue a cada leitura. Esse responsório, composto diretamente para cada uma das perícopes, "pode trazer nova luz para a compreensão da leitura que se acaba de proclamar; pode situá-la na da História da Salvação ou conduzi-la do Antigo para o Novo Testamento; pode transformar a leitura em oração e contemplação" (IGLH 169). Demos um exemplo: na sexta-feira da 1ª semana da Quaresma a leitura (Ex 12,21-36) descreve a morte dos primogênitos depois que as moradas dos israelitas foram untadas pelo sangue do cordeiro. O responsório combina a frase central desse relato com a de 1Pd 1,18.19: "Fostes remidos, irmãos; mas pelo sangue precioso de Cristo, o Cordeiro sem mancha, o sangue de Cristo". Com essa combinação de textos do Antigo e do Novo Testamento, quem ora passa brevemente da contemplação da Páscoa de Israel à sua relação no Novo Testamento, ou seja, é levado ao próprio núcleo da contemplação cristã.

O DEUTERONÔMIO, MEDITAÇÃO QUARESMAL

O DEUTERONÔMIO PROCLAMADO NA LITURGIA

A antiga liturgia romana já conhecia uma leitura do Deuteronômio durante as semanas de preparação para a Páscoa. Os antigos lecionários romanos já no século VII propõem o Deuteronômio, junto com os outros livros que figuram no começo da Bíblia (de Gênesis a Juízes-Rute: os códices falam do Heptateuco, ou seja, os sete primeiros livros da Bíblia), como a leitura própria a partir da Septuagésima.[1] Provavelmente esses livros que iniciam a Bíblia eram proclamados a partir da Septuagésima, porque no século VII o Ano Litúrgico iniciava com a preparação para a Páscoa, e com o início do ano começava também a leitura integral da Escritura a partir do Gênesis.

A liturgia reformada pelo Vaticano II recuperou o Deuteronômio como leitura de preparação para a Páscoa; mas ao recuperá-lo deu-lhe uma intencionalidade muito mais significativa da que teve, pelo simples fato de figurar entre os primeiros escritos da Bíblia. Poderíamos dizer que, ao situar o Deuteronômio na Quaresma, realizou-se um dos ideais do Concílio: que as leituras bíblicas fossem "mais apropriadas" (SC 35) a cada uma das celebrações. Hoje se proclama, portanto, o Deuteronômio antes da Páscoa porque ocorre uma real inter-relação entre a mensagem desse livro e a espiritualidade própria da preparação para as solenidades pascais.

O Deuteronômio na atual organização dos lecionários ocupa dois lugares: um no Lecionário da Missa, outro no do Ofício, ambos no ano ímpar; mas as duas leituras desse livro têm um enfoque bastante diferente. Efetivamente, alguns poucos trechos — cinco curtas perícopes concretamente — são lidos nas Missas semanais desde a sexta-feira da 18ª semana à quarta-feira da 19ª semana do Tempo Comum; essas

---

[1] ANDRIEU, M. *Les ordines Romani II*. Louvain, Université Catholique, 1948. Ordines XII e XIII, pp. 459ss.

88   A Mesa da Palavra

perícopes fazem parte integrante do breve resumo da História Sagrada — desde a vocação de Abraão até o tempo dos Juízes — que se lê nas 12ª-20ª semanas; com essa leitura procura-se contemplar uma das principais etapas da História da Salvação, de maneira muito parecida com a leitura do Heptateuco na Idade Média. Nesse conjunto de leituras, os trechos do Deuteronômio servem principalmente para ligar-se com o prosseguimento da História Sagrada, mas não para aprofundar a mensagem profética de nosso escrito; com essa breve leitura da Missa estaremos, portanto, muito distantes de captar o verdadeiro significado espiritual do Deuteronômio.

Mas o Deuteronômio tem outro lugar mais destacado: é sem dúvida o que lhe é dado pelo Lecionário da Liturgia das Horas. Aqui sim nosso livro conquista todo o seu realce e parece chamado a orientar — talvez melhor, a reorientar — a vida dos cristãos, levando-os a uma verdadeira conversão, a qual justamente pretendeu o Espírito, ao inspirar esse livro visando à conversão de Israel, caído na infidelidade.

Desde os primeiros projetos de reorganização do Lecionário da Liturgia das Horas vislumbrava-se a oportunidade de reservar o Deuteronômio para o Tempo da Quaresma. A Instrução Geral sobre a Liturgia das Horas, que encabeça nossa Liturgia das Horas, evidencia ainda hoje até que ponto estava na mente dos que reformaram as estruturas do Ofício Divino o desejo de que essa leitura fizesse parte da meditação quaresmal da Igreja; além do mais, o primeiro livro é citado — o mais significativo, poderíamos dizer — como leitura própria desse tempo (cf. IGLH 150). Apenas mudanças posteriores, lamentavelmente introduzidas de última hora,[2] impediram que esse livro fosse incluído no Lecionário da Quaresma da edição latina que se queria menos volumosa; com isso, a Quaresma, por um período, pelo menos,[3] ficou

---

[2]   Quando já estava planejada toda a distribuição de perícopes bíblicas para o Ofício, a editora encarregada de publicar o livro achou que os volumes seriam excessivamente grossos; e o Lecionário planejado foi reduzido rapidamente à metade, passando de um Lecionário bienal com a Bíblia completa a uma apresentação anual com a metade dos textos previstos. Ver a esse respeito meus artigos: Algunos aspectos de la nueva Liturgia de las Horas. *Phase* 16 (1976), pp. 195-198; El año litúrgico a través de los Leccionarios bíblicos. *Phase* 20 (1980), pp. 51-65; El Leccionario bíblico bienal de la Liturgia de las Horas. *Phase* 21 (1981), pp. 409-425; Ministerio Pastoral y Liturgia de las horas. *Phase* 22 (1982), pp. 271-284.

[3]   A Congregação para o Culto Divino e a Disciplina dos Sacramentos está preparando a edição deste Lecionário completo.

O Deuteronômio, meditação quaresmal 89

privada desse livro na edição latina e em muitas versões, entre elas a da Espanha.[4]

Por outro lado, como se percebeu a grande riqueza espiritual do Deuteronômio, buscou-se para ele outro lugar no Lecionário do Ofício, na 2ª e 3ª semanas do Tempo Comum; todavia, colocado ali, o livro conserva certamente seu conteúdo espiritual, mas se vê privado de seu contexto mais próprio e expressivo: o Deuteronômio é um livro que chama à conversão e à renovação da aliança, e por isso seu lugar mais próprio é o Tempo da Quaresma, que é tempo de conversão. As comunidades deveriam, portanto, esforçar-se para meditar esse livro no Ofício quaresmal, embora isso suponha uma menor comodidade; a própria Congregação para o Culto Divino e a Disciplina dos Sacramentos recomendou esse procedimento.[5]

O DEUTERONÔMIO, UM ESCRITO SINGULAR NO CONJUNTO DA BÍBLIA

Ao abordar a leitura do Deuteronômio, convém fazê-lo com uma atitude espiritual apropriada; trata-se, realmente, de um escrito de caráter muito diferente da maioria dos livros bíblicos, certamente diferente dos chamados "livros históricos" e mais próximo, em todo caso, aos profetas.

Embora atualmente faça parte do Pentateuco e inclusive possa parecer que é como a continuação histórica dos livros que o precedem, contudo, por menor a atenção com que se leia, descobre-se facilmente que se trata de um gênero literário e de um conteúdo radicalmente diferentes.

O Deuteronômio, apesar de seu nome — "Deuteronômio" significa "segunda Lei" —, é muito mais espiritual que histórico, muito mais profético que normativo. Na realidade, o título que hoje leva não foi o primitivo, mas o que os tradutores gregos lhe deram; seu verdadeiro

---

[4] Algumas conferências episcopais — p. ex. as de língua alemã e as da América Latina — e algumas ordens monásticas — p. ex. os beneditinos da Itália e as beneditinas da Espanha — incorporaram esse Lecionário completo em suas respectivas edições da Liturgia das Horas.

[5] Cf. *Notitiae* 12 (1976), pp. 238-239.

90 — A Mesa da Palavra

nome seria o que figura no livro 2 dos Reis quando relata seu descobrimento: "Livro da aliança" (cf. 22,3-10); ou, para conservar um nome que relacione o Deuteronômio com a Lei de Moisés — o que pretenderam os tradutores gregos —, talvez lhe convenha o título de "Ensinamentos sobre a Lei". Mas, independente de seu nome, é inegável que no Deuteronômio nos encontramos diante de um escrito que quer ser antes de tudo um tratado espiritual sobre a conversão, um livro que apenas em tempos posteriores foi colocado e assimilado entre os demais livros do Pentateuco.

A influência espiritual do Deuteronômio em Israel foi cada vez maior; prova disso são as numerosas e sucessivas redações que os críticos descobrem nesse livro e o fato de que, no século V antes de nossa era, Neemias se servisse dele para solucionar os problemas de sua comunidade restaurada. Outro indício da forte "espiritualidade" que os israelitas viam nesse livro é o fato — as descobertas modernas demonstraram isso — de que a comunidade judaico-monástica de Qumrã lhe deu quase tanto relevo quanto aos escritos de Isaías.

UM LIVRO ESPIRITUALMENTE IMPORTANTE

Também para os cristãos o Deuteronômio deve ter um lugar entre os escritos "espirituais". Ao iniciar a leitura quaresmal desse livro, é necessário destacar esse traço. Talvez isso seja mais necessário hoje porque há um risco constante de ler a Escritura apenas como "história", como tema de crítica literária ou, no máximo, como "lugar teológico".

Às vezes, tem-se a impressão de que o povo cristão — as comunidades monásticas e religiosas inclusive — toma verdadeiramente sua espiritualidade da leitura não da Palavra de Deus, mas preferencialmente de outros escritos. Não se pode negar que a teologia tem feito grandes progressos nesse sentido: é muito mais positiva e bíblica do que foi em tempos não muito distantes. Mas provavelmente na espiritualidade estamos ainda muito longe desse ideal. A maioria dos cristãos, inclusive os contemplativos, vivem quase sempre distantes ainda daquela *lectio divina*, ou "leitura orante", a que aludem os escritos

O Deuteronômio, meditação quaresmal

monásticos antigos, a qual se centrava principalmente na leitura serena e contemplativa da Escritura.

Dizemos isso sobre o Deuteronômio porque esse livro é um dos que mais se prestam a essa recuperação da Bíblia — do Antigo Testamento especificamente — visando à espiritualidade. Encontramo-nos, realmente, diante de um dos livros com maior capacidade de interiorização; ele convida a uma leitura espiritual e contemplativa visando sobretudo à renovação quaresmal.

Do Deuteronômio, Israel toma tanto o *Shemá* (cf. 6,5), que repete três vezes ao dia e que constitui sua oração por antonomásia, quanto sua profissão de fé (26,3-10). Jesus, por sua vez, recorre a esse livro para seu "maior mandamento" (Mt 22,37; Mc 12,30; Lc 10,27) e, no início de sua missão, se apóia em textos do Deuteronômio para vencer o tentador (Mt 4,3ss; Lc 4,3-12) na cena que proclamamos precisamente no início da Quaresma. Essas e outras muitas razões fazem, portanto, do Deuteronômio um livro especialmente importante para a vida espiritual e para a contemplação cristã.

UM LIVRO APROPRIADO ESPECIALMENTE PARA A QUARESMA

Já dissemos antes que na antiga liturgia romana o Deuteronômio era lido durante o tempo de preparação para a Páscoa. Os que usaram o antigo Breviário de Pio V poderiam lembrar como na 4ª semana de Quaresma os responsórios das Matinas ainda correspondiam às leituras do Deuteronômio, embora elas já tivessem desaparecido do Ofício. Mas a reforma atual recuperou a leitura quaresmal do Deuteronômio por razões mais intrínsecas: nosso livro possui uma temática muito própria para o Tempo da Quaresma, porque oferece algumas perícopes que podem ser preciosas para intensificar a própria conversão e para aprofundar com isso o sentido da Quaresma.

Em primeiro lugar, por sua ambientação geral: se para o povo cristão o mistério de Cristo morto e ressuscitado é a realização plena daquilo que estava prefigurado na Páscoa de Israel, se Cristo é o verdadeiro Moisés que leva seu povo à mais plena liberdade, se a terra de Canaã é prefiguração do Reino em que o Ressuscitado nos introduz, o livro do Deuteronômio está cheio de alusões à Páscoa, a Moisés, à liberdade de Canaã. Na Escritura há duas partes que têm como pano de fundo a saída do Egito e a libertação da escravidão do Faraó: o Êxodo-Levítico, de um lado, e o Deuteronômio, do outro. A liturgia nos oferece a leitura de ambos os relatos na Quaresma: o conjunto Êxodo-Levítico nos anos pares e o Deuteronômio nos ímpares. Mas é necessário reconhecer que, entre ambas as leituras, a do Deuteronômio é mais oportuna, porque insere os relatos do êxodo no contexto de uma meditação com características de conversão. E também a conversão, junto com o êxodo, é um dos maiores temas da quaresma cristã.

Outro motivo para recomendar a leitura quaresmal do Deuteronômio é o fato de que nosso livro nasceu do movimento de reforma empreendido por Josias para conduzir novamente o povo de Israel ao culto de Iahweh (cf. 2Rs 22). Assim o demonstrou a exegese moderna. Descoberto o *Livro da aliança* (assim se denominou nosso livro em seu estado mais primitivo), Josias se impressiona pelas ameaças contidas no volume, convoca o povo, renova solenemente a aliança e empreende uma reforma visando renovar o culto a Iahweh.

Nosso Deuteronômio, apesar dos múltiplos retoques e adaptações em épocas posteriores, é ainda um claro eco desse desejo de reforma: é necessário refazer a aliança quebrada, é necessário voltar à obediência e fidelidade a Iahweh. Porque na realidade a aliança com Moisés no Horeb não foi unicamente um fato do passado: o Senhor não selou essa aliança apenas com nossos pais, mas também conosco (leitura do sábado da 1ª semana da Quaresma). O Deuteronômio convida a uma reatualização da aliança, e é para isso também que o povo cristão se prepara na Noite Pascal, principalmente por meio da renovação das promessas batismais. A leitura do Deuteronômio, portanto, já prepara para essa Noite.

Outra faceta do Deuteronômio, especialmente sugestiva para sua leitura quaresmal, é a contínua presença de Moisés. Já nos dias de Natal a liturgia nos convidou, através dos evangelhos da infância, a ver em Moisés um protótipo do verdadeiro e definitivo chefe e legislador que conduz o povo de Deus à liberdade pascal.

O Deuteronômio, meditação quaresmal   93

O Deuteronômio é, além disso, como a resposta de um povo que depois do castigo — a destruição da Samaria em 722 — medita sobre suas infidelidades passadas visando à sua conversão. A obra deuteronômica em seus traços mais primitivos é a contribuição dos que escaparam da destruição do reino do Norte, refugiados em Jerusalém, e desejam renovar a aliança que lhes fará plenamente fiéis a Iahweh. Um programa, portanto, que se adéqua também sob esse aspecto ao que o povo cristão busca com suas práticas quaresmais.

UM LIVRO SINGULARMENTE ATUAL

Se o Deuteronômio, como vimos, é apropriado ao Tempo da Quaresma, também pode constituir uma leitura especialmente apropriada para nosso momento histórico atual, e isso de modo particular por três razões: (a) porque apresenta uma moral lúcida, adulta, afastada de tensões; (b) porque se situa em um contexto de desastres como conseqüência da infidelidade passada; e (c) porque centra o caminho da conversão numa moral do amor que consiste mais em atos do que em palavras.

Em nosso momento atual são muitos os que se perguntam sobre a motivação das leis morais. E isso em vários níveis. Desde os que, relativizando qualquer tipo de moral, quiseram prescindir de toda norma, de toda lei pelo menos estável, até os que, inclusive no seio das comunidades religiosas e contemplativas, se questionam até que ponto é preciso obedecer aos diversos gêneros de leis (eclesiásticas, litúrgicas, regulamentações religiosas...) e criam, com isso, tensões que, às vezes, tornam pouco "habitável" o ambiente religioso.

O Deuteronômio apresenta uma lei que não se impõe exteriormente apenas como disciplina, mas que deseja arraigar-se interiormente em um coração que obedece porque ama, que é fiel ao preceito porque nisso — em cada uma das "observâncias" externas — vê um "sacramento" ou sinal do amor interior. Trata-se de uma moral lúcida e adulta, de uma verdadeira "sabedoria". Com essas perspectivas a lei é apresentada já no começo da Quaresma (leitura da sexta-feira depois das Cinzas).

O Deuteronômio está dominado pelo desejo de uma nova fidelidade em um mundo que, depois da catástrofe da destruição da Samaria, quer renovar sua vida. Nosso tempo se assemelha em certa maneira ao tempo que viu nascer o Deuteronômio, e isso do ponto de vista tanto humano quanto eclesial: depois do otimismo que conhecemos — na Igreja, o Vaticano II parecia chamado a atrair inúmeras pessoas, na sociedade civil os avanços tecnológicos pareciam prometer um mundo de felicidade e prosperidade de toda ordem —, apresentou-se aos nossos homens um panorama bastante mais sombrio: a Igreja sofre deserções, tensões, desinteresse, e vê como muitos de seus filhos se distanciam dela; o mundo experimenta convulsões, guerras, fome, e inclusive o fenômeno moderno da poluição ambiental pressagia horas menos brilhantes para nosso planeta.

Do ponto de vista da fé cristã, é possível que esse desencanto doloroso seja uma das grandes bênçãos de Deus a nosso tempo, um acontecimento similar ao que representou a destruição da Samaria, raiz de nosso Deuteronômio e da renovação religiosa de Josias, um instrumento do qual Deus se serve para convidar o ser humano a levantar o olhar para bens superiores.

Nesse contexto, o Deuteronômio lido e meditado pausadamente pode ser de extraordinária atualidade. Em uma situação que tem grandes pontos de contato com a nossa, depois do desastre da Samaria, Deus chamou, por meio desse *Código da aliança*, seu povo a fim de renovar sua vida e de encontrar sua verdadeira felicidade na conversão. Situada nesse contexto, a leitura do Deuteronômio pode ser inteligível, sugestiva, eficaz.

Nosso mundo está cansado de palavras, cansado de palavras inclusive tão atrativas quanto possa ser o vocábulo "amor". Porque de "amor ao pobre", "atenção ao desvalido", "primazia da caridade" se fala e se fala sem cessar; mas das palavras à realidade há uma grande distância. O ódio, as guerras, a exploração do fraco são o cenário mais comum de nossa sociedade; e as tensões e enfrentamentos nas comunidades cristãs, que proclamam como sua lei suprema o amor, tampouco são raros, e talvez hoje inclusive são mais comuns que em outros tempos.

Vivemos, portanto, em um contexto de infidelidade aos princípios fundamentais do Evangelho, apesar de tantas palavras sobre o amor. E é aqui onde o Deuteronômio tem também uma resposta apropriada à nossa época, ao propor o ideal de um amor em atos. O amor de Deus — o mais difícil dos amores, porque ninguém viu a Deus — compromete, segundo esse livro, toda a atividade humana, desde a vida familiar até a comunitária e social. Em cada uma das situações colocanos diante de uma escolha: seguir a Deus ou recusá-lo. Nessa escolha situa-se nosso futuro, porque seremos julgados não segundo as palavras sobre o amor, mas segundo nossas obras de amor, principalmente face aos pobres e desvalidos.

Todo um conjunto, portanto, de pistas que fazem do Deuteronômio um livro "espiritual", "quaresmal" e "moderno"; um livro, em síntese, que nos levará a celebrar a passagem da Páscoa e a viver a vida nova do Ressuscitado.

A QÜINQUAGÉSIMA PASCAL

Como nos outros tempos litúrgicos, também durante a Qüinquagésima pascal se apresentam e entrecruzam na liturgia vários ciclos de leitura bíblica. Para que esses diversos ciclos tenham sua devida ressonância espiritual, é preciso conhecê-los, distingui-los entre si e assumir cada um deles em sua ótica própria e diferente. Sem que isso signifique que seja necessário — nem tão-somente desejável — dar sempre a todos e a cada um dos ciclos o mesmo realce ou a mesma importância subjetiva. Em alguns anos poderá ser destacado um determinado livro bíblico — fazendo-o, por exemplo, tema da oração pessoal ou da homilia —, em outros anos poderá ser realçado outro escrito. Mas, de uma forma ou de outra, com realce intenso ou com simples leitura "sugestiva do que já se conhece", todas as leituras proclamadas na celebração devem ter uma verdadeira ressonância espiritual. Se não, para que são proclamadas? Ou seja, deve ser dado a todas as leituras um contexto que lhes facilite ser alimento da vida espiritual. Portanto, o que pretendemos é olhar unitariamente o conjunto de leituras do ciclo pascal para situá-las em sua própria ótica.

MAIOR PRESENÇA DA "LEITURA CONTÍNUA" QUE NOS OUTROS TEMPOS FORTES

A primeira característica das leituras da Qüinquagésima é o fato de que nesses dias temos uma maior presença de leituras "unitárias" que nos outros tempos fortes. Ou, dizendo de outra maneira: nesses dias habitualmente se usam leituras contínuas ou semicontínuas[1] e ocorre muito poucas vezes a seleção de um texto, isolado de seu contexto

---

[1] Há certamente exceções, mas elas são poucas: são selecionadas, por exemplo, as leituras da Noite Pascal (essa seleção é precisamente a mais antiga, a mais universal e a mais venerável das que se conhecem), as do Dia da Páscoa, os evangelhos da oitava da Páscoa, as leituras do dia da Ascensão e Pentecostes etc.

98 A Mesa da Palavra

bíblico imediato.[2] Sob esse aspecto, a Qüinquagésima pascal se diferencia dos tempos fortes restantes, ao menos em relação às leituras da Missa. Realmente, durante a Qüinquagésima, tanto na Missa quanto na Liturgia das Horas, habitualmente se usa uma leitura contínua ou, pelo menos, semicontínua[3] de determinados escritos bíblicos.

Contudo, convém retomar uma característica singular das leituras contínuas do Tempo Pascal. Referimo-nos a uma particularidade que dá à leitura pascal contínua uma característica que a torna diferente da leitura contínua do Tempo Comum e que já é destacada pela Instrução Geral sobre a Liturgia das Horas: "Ao organizar o ciclo de leituras da Sagrada Escritura no Ofício das Leituras, levaram-se em conta, por um lado, os tempos sagrados (principalmente o Tempo da Páscoa) em que, *por venerável tradição, se devem ler certos livros*" (IGLH 143). Efetivamente, se durante o Tempo Comum as leituras contínuas procedem "segundo a História da Salvação" (IGLH 152), para que com isso se capte melhor como Deus se revela progressivamente ao ser humano, na Qüinquagésima pascal o procedimento é outro: são *selecionados* alguns livros bíblicos determinados, porque são eles que, segundo a antiga tradição tanto oriental quanto ocidental, melhor iluminam o sentido da Páscoa cristã.

De certa maneira, pode-se dizer que as leituras contínuas da Qüinquagésima pascal se situam a meio caminho entre o que são as "perícopes selecionadas", proclamadas nas grandes festas,[4] e a leitura seguida e completa dos livros bíblicos, um depois do outro, segundo a cronologia da revelação: na Qüinquagésima se segue a dinâmica

---

[2]   Nas leituras semanais das Missas da Quaresma das três primeiras semanas, por exemplo, diariamente se passa de um livro a outro, tanto na epístola, quanto no evangelho, situando por isso cada leitura fora de seu contexto (apenas a partir da segunda-feira da 4ª semana, o evangelho — não a 1ª leitura — segue um sistema de leitura contínua). O mesmo acontece — é um segundo exemplo — com a maioria das leituras semanais das Missas do Advento.

[3]   Vale a pena destacar que a Qüinquagésima pascal é o *único ciclo do ano* no qual está presente a leitura semicontínua nas primeiras leituras da Missa dominical. É a única ocasião, portanto, em que, diante dos fiéis que participam apenas da Missa dominical, pode-se insistir pelo menos na relativa dinâmica de continuidade que apresentam as diversas perícopes dos Atos dos Apóstolos. Por isso, é conveniente ajudar esses fiéis a captarem o fato e acostumarem-se a dar o devido valor — ao que geralmente não estão habituados — também à primeira leitura da Missa.

[4]   Nesses dias — também nas celebrações rituais — são escolhidos determinados *trechos* da Escritura para iluminar a festa ou celebração que se realiza, tomando-os de um ou outro livro bíblico à margem de toda leitura conjunta do livro.

A Qüinquagésima pascal

integral de terminados livros,[5] mas se prescinde da dinâmica que liga alguns livros bíblicos a outros; os livros não são proclamados na ordem cronológica da História da Salvação, mas são escolhidos de modo a iluminar o mistério pascal de Cristo vivido e atualizado na e pela Igreja. Certamente não são selecionadas perícopes isoladas, mas sim determinados livros.

OS LIVROS PROCLAMADOS DURANTE A QÜINQUAGÉSIMA PASCAL

Por ordem de antigüidade — e provavelmente também em razão da mesma intensidade de seu respectivo significado pascal —, os livros proclamados na liturgia pascal são os seguintes: (a) o evangelho de João; (b) os Atos dos Apóstolos; (c) o Apocalipse; (d) a Primeira carta de Pedro; (e) as cartas de são João.

Cada um desses livros tem um grande significado pascal — certamente por motivos ou enfoques diversos — que os torna especialmente próprios para a celebração das festas pascais. Mas evidentemente esse significado objetivo não é suficiente para que a comunidade eclesial os viva com relação à contemplação do mistério celebrado na Igreja. Junto ao significado objetivo é necessária, portanto, também uma receptividade subjetiva que chegue a captar pessoalmente o livro ou os livros segundo o critério com que a Igreja os selecionou. Ou seja, ao escutar as leituras pascais não é suficiente a compreensão do livro bíblico em si mesmo — essa é evidentemente uma faceta imprescindível —, mas requer-se também uma captação do sentido pascal do livro. E acreditamos que isso não ocorre com muita freqüência.

As leituras bíblicas são ouvidas durante o Tempo Pascal com a mesma atitude que no Tempo Comum. Pensamos que, muitas vezes, inclusive os que "mais querem se ostentar" (para empregar a linguagem inaciana), por entender a mensagem da Palavra, se limitam a entender o que diz o texto em si mesmo, exatamente como o fazem no resto do ano. Com essa atitude, certamente empobrecem a contemplação cristã

---

5   Ou seja, no *interior do livro bíblico* se segue a leitura contínua.

100   *A Mesa da Palavra*

e inegavelmente se distanciam da maneira de proceder dos Padres, cuja espiritualidade, centrada sempre no mistério pascal de Cristo, era muito mais contemplativa.

PRESENÇA DO EVANGELHO DE JOÃO

É provavelmente o mais antigo escrito bíblico proclamado na liturgia pascal. De certa maneira, o conteúdo objetivo desse evangelho corresponde às realidades sacramentais celebradas pela Igreja nos dias da Páscoa.

Se o Tempo Pascal é sobretudo o tempo da celebração dos sacramentos[6] e o das catequeses mistagógicas,[7] o evangelho de João, todo ele escrito em chave intensamente simbólica e com inegáveis alusões aos sacramentos e a seus gestos,[8] é especialmente indicado para essa contemplação dos sinais sacramentais. Uma leitura de algum dos livros citados na nota 8 ambientaria em sentido pascal a contemplação desse livro durante a Qüinquagésima.

Outra das chaves pascais de João é a apresentação das ações de Cristo como cumprimento "espiritual" do Antigo Testamento.[9] Também esse aspecto pode ser muito rico para a vivência espiritual dos

---

[6]   O batismo, a reconciliação dos penitentes, a comunhão pascal obrigatória a todo cristão, a consagração dos óleos etc.

[7]   Nesses dias, tinham-nas os Padres e para esses mesmos dias volta a propor o novo *Ritual da Iniciação Cristã de Adultos* (cf. Praenotanda, n. 40)

[8]   Hoje ninguém duvida que o Quarto Evangelho tem em seu fundo — mais ou menos intensamente — os sinais sacramentais usados pela Igreja; ver a esse respeito especialmente: CULMANN, O. *La foi et lê culte de l'Eglise primitive*. Neuchatel, Delachaux & Niestlé, 1963, sobretudo a parte V: "Les sacraments dans l'Evangile Johannique"; BOUYER, L. *El cuarto evangelio*. Barcelona, Estela, 1967; AA.VV. *Segni e sacramenti nel vangelo di Giovanni*. Roma, Anselmiana, 1977.

[9]   Mateus insiste também no cumprimento das profecias, mas o faz de um ponto de vista muito diferente. Poderíamos dizer que Mateus se coloca em um plano "apologético"; João o faz, ao contrário, com uma perspectiva mais contemplativa ou celebrativa. Freqüentemente João coloca o ouvinte em três planos: no fundo se reflete o Antigo Testamento; no centro, as ações históricas de Jesus; acima deste segundo plano, os sinais sacramentais da Igreja. Assim, no capítulo 6: (a) a *história* do maná (Antigo Testamento); (b) levada à plenitude pela multiplicação dos pães (ação histórica de *Jesus*); (c) feita presente na Eucaristia (presença *sacramental*); ou então no capítulo 19: (a) o Cordeiro Pascal do qual não quebram os ossos (Antigo Testamento); (b) o centurião que não quebra os ossos de Jesus, mas faz brotar água e sangue do lado de seu corpo (ação histórica de Jesus); (c) o batismo da água e a eucaristia de sangue (presença sacramental).

A Qüinquagésima pascal 101

sinais sacramentais, que constitui uma das maiores finalidades do Tempo Pascal.

Um novo aspecto que aproxima o evangelho de João à Qüinquagésima é a freqüência com que nesse escrito Jesus aparece participando das festas litúrgicas de Israel (Páscoa de diversos anos, Festa dos Tabernáculos etc.). O Tempo Pascal é o ciclo por excelência da celebração dos sacramentos, do aprofundamento na necessidade de sua celebração e participação para a conquista de uma verdadeira vida cristã: o fato de a presença de Jesus nas celebrações litúrgicas ter tanto relevo no evangelho "espiritual" é todo um programa de vida cristã.

DISTRIBUIÇÃO DO EVANGELHO DE JOÃO NOS LECIONÁRIOS DO CICLO PASCAL

O evangelho de João, redigido todo ele, como vimos, sobre os sinais sacramentais da Páscoa de Jesus, é proclamado pela Igreja desde antigamente[10] para ambientar a celebração da Páscoa. Essa proclamação "envolve", de certa forma, toda a celebração pascal e está presente tanto nos dias que precedem a Noite Pascal quanto nos que, depois dela, formam a Qüinquagésima, e tanto no Lecionário dominical quanto no semanal.

Se a presença do Quarto Evangelho no ciclo pascal é uma realidade inegável já desde antigamente, tanto no Oriente quanto no Ocidente, a reforma litúrgica de nossos dias deu a essa presença um tom, um relevo e, sobretudo, uma variedade e riqueza que merecem destaque. Hoje, efetivamente, o Quarto Evangelho se distribui em torno do domingo da Páscoa, parte antes do Tríduo, parte depois, parte nos ciclos dominicais, parte nas Missas semanais. Com essa múltipla presença, a mensagem de João é proclamada nos dias pascais de maneira moralmente integral.

No Lecionário dominical, João aparece nos 3º, 4º e 5º domingos da Quaresma dos ciclos A e B, e novamente a partir do 4º domingo da

---

[10] Essa antigüidade do uso de João no ciclo pascal tem como prova sobretudo o fato de que sua leitura nesses dias não é exclusiva do rito romano, mas comum ao conjunto dos ritos tanto orientais quanto ocidentais. Essa leitura já era feita, portanto, antes que, no século IV aproximadamente, nascessem as diversas famílias litúrgicas.

102   *A Mesa da Palavra*

Páscoa até o domingo de Pentecostes. Nos domingos da Quaresma, os textos de João preparam os sacramentos pascais (ciclo A) ou ambientam a contemplação da glorificação de Cristo em seu mistério pascal (ciclo B). O ciclo de João é interrompido nos três primeiros domingos da Páscoa para dar lugar à narração das aparições do Ressuscitado segundo o sinótico próprio de cada ano, mas passado o 3º domingo a leitura é retomada até Pentecostes.[11]

Quanto às leituras semanais, o Quarto Evangelho é lido, como no ciclo dominical, tanto antes quanto depois da solenidade pascal. Uma parte de João é lida a partir da 4ª semana da Quaresma, e outra a partir da 2ª semana pascal. Mas é preciso destacar que essa leitura é feita de uma forma muito singular e característica: trata-se não de uma seqüência de textos que vai progredindo desde as últimas semanas da Quaresma até o domingo de Pentecostes, mas de duas séries independentes de leitura semicontínua que, cada uma delas, segue à sua maneira a totalidade do evangelho, escolhendo, por ordem dos capítulos, determinados trechos e deixando outros de lado.

Ao começar a 4ª semana da Quaresma, inicia-se um "primeiro passo" de leitura semicontínua de João, que começa em 4,43 e se prolonga até 13,38. Nessa primeira série quaresmal de perícopes, são escolhidos sobretudo aqueles trechos nos quais aparecem a oposição crescente entre Jesus e as autoridades de Israel. Essa contemplação do Senhor enfrentando o mal, personalizado no Quarto Evangelho pelos "judeus" (autoridades de Jerusalém), tem como função fortalecer a luta quaresmal dos fiéis, a qual, dessa forma, se apresenta não simplesmente limitada a um contexto ascético (como era proposta nas leituras das primeiras semanas da Quaresma), mas principalmente centrada na comunhão de luta e vitória com Cristo, vencedor absoluto do mal.

Chegada a solenidade pascal, do mesmo modo que as leituras evangélicas dos domingos fazem um parêntese de três dias (Domingo da Páscoa, oitava da Páscoa e 3º domingo) nos quais não se lê João para os fiéis contemplarem algumas das aparições do Ressuscitado segundo o sinótico do ano, assim também no ciclo semanal a leitura semicon-

---

[11] Com exceção do domingo da Ascensão, no qual, como é normal, é proclamado o relato da última aparição do Ressuscitado segundo o sinótico próprio do ciclo.

A Qüinquagésima pascal **103**

tínua de João é interrompida durante os dias de oitava da Páscoa para dar lugar a uma antologia de textos que apresenta diversas aparições de Jesus segundo cada um dos relatos dos quatro evangelhos.

Passada a oitava da Páscoa é retomada a leitura de João, não a partir de 13,38, onde ficou a leitura quaresmal, mas voltando ao início do livro (cf. 3,1–17,26). Nesse "segundo passo", do evangelho de João são escolhidas para esses dias perícopes de traço propriamente pascal. A série é inaugurada com o tema dos sacramentos da iniciação cristã, que foram celebrados na Noite Pascal: o Batismo e a Confirmação são aludidos através do diálogo de Jesus com Nicodemos; a Eucaristia, por meio do longo discurso do Senhor sobre o pão da vida. A partir da quarta segunda-feira são lidas diversas perícopes sobre o Bom Pastor, tema iniciado na liturgia dominical do domingo anterior. Desde a segunda-feira da 6ª semana, a leitura de João inaugura um novo tema também pascal: o das perícopes em que se fala da promessa do Espírito Santo, com cuja última e solene efusão no Pentecostes será concluída a Qüinquagésima. Nos dias seguintes ao Domingo da Ascensão, e como eco do mistério celebrado nessa solenidade, se lê a oração sacerdotal de Jesus na última ceia. Nos dois últimos dias semanais da Qüinquagésima se lê finalmente a conclusão do Quarto Evangelho, com a narração da última aparição de Jesus,[12] com a qual termina esse segundo ciclo de leitura contínua do Quarto Evangelho.

OS ATOS DOS APÓSTOLOS

A leitura dos Atos dos Apóstolos durante a Qüinquagésima é também, como a leitura do evangelho de João, uma nota característica do conjunto das Igrejas, tanto do Oriente quanto do Ocidente. Essa leitura já era tradicional na África no tempo de santo Agostinho[13] e no Oriente no tempo de são João Crisóstomo.[14]

---

[12] É importante destacar que nos dois últimos dias semanais da Qüinquagésima, os dias mais próximos a Pentecostes, não se lê precisamente uma leitura alusiva ao Espírito Santo, mas a *última* aparição do Ressuscitado: é uma maneira de destacar a unidade da Qüinquagésima, toda ela consagrada à vitória pascal de Jesus Cristo.

[13] Sermão 315, PL 38, 1426.

[14] Homilia 33 sobre o Gênesis, PG 53, 305.

A motivação que levou a Igreja à leitura dos Atos dos Apóstolos durante a Qüinquagésima já é exposta por são João Crisóstomo: trata-se de uma proclamação da ressurreição de Cristo demonstrada através dos milagres realizados por discípulos que tinham contemplado a vitória do Senhor. A Igreja nasce na verdade como conseqüência da ressurreição de Jesus, como sua prolongação. Por outro lado, não se pode negar que há um nexo muito forte entre o que significa a vitória pascal com a qual começa a Igreja, a celebração do batismo que a corrobora e a leitura dos Atos dos Apóstolos, que narra o crescimento incessante dos discípulos do Ressuscitado através do mundo.

DISTRIBUIÇÃO DA LEITURA DOS ATOS DURANTE A QÜINQUAGÉSIMA PASCAL

Os lecionários litúrgicos do Vaticano II distribuem a leitura dos Atos durante a Qüinquagésima de maneira muito intensa e extraordinariamente insistente: é quase[15] a única exceção à norma geral de não ler nas mesmas semanas um mesmo livro bíblico na Missa e no Ofício (cf. IGLH 146). Mas se dão certamente motivos para introduzir essa exceção na liturgia dos dias pascais: a relação íntima existente, como acabamos de ver, entre o livro dos Atos e os mistérios celebrados pela Páscoa, e a antigüidade e universalidade da leitura do livro de Lucas durante a Qüinquagésima.

A distribuição das leituras dos Atos se apresenta, portanto, na liturgia pascal, de modo muito catequético, interessante e sugestivo. Trata-se de uma leitura de três níveis: o mais fundamental, do crescimento da Igreja, está distribuído nas primeiras leituras dominicais dos três ciclos, leituras que durante a Qüinquagésima suprem as habituais perícopes do Antigo Testamento:[16] assim todos os cristãos, inclusive os que só participam da celebração eucarística dominical, escutam pelo menos os traços mais característicos do nascimento e progresso da Igreja.

---

[15] Dizemos "*quase* única exceção" porque algo parecido, embora não totalmente idêntico, acontece com o livro de Isaías no Advento e no Natal.

[16] Assim, na Páscoa, tudo é "novo", tudo fica centrado na mensagem *explícita das testemunhas de Cristo*.

A Qüinquagésima pascal

Outras passagens, certamente mais numerosas, são proclamadas nas Missas semanais desde a segunda-feira da Páscoa até o sábado anterior ao domingo de Pentecostes; com isso os que participam diariamente da Eucaristia alcançam uma visão mais plena de como a Igreja de Jesus vai se arraigando entre os seres humanos. Finalmente, os ministros da Palavra e os contemplativos têm em anos alternados[17] um terceiro ciclo de leitura dos Atos — dessa vez completo — no Ofício das Leituras, ciclo que os fará adentrar na totalidade do livro de Lucas.

O APOCALIPSE

Também o Apocalipse é um livro pascal tanto por seu próprio significado e conteúdo, quanto pela antigüidade de sua leitura durante a Qüinquagésima nas diversas liturgias cristãs. As descrições da liturgia celestial com a presença gloriosa do Cordeiro sacrificado são uma expressiva representação do triunfo e do sacerdócio do Ressuscitado junto ao Pai, tal como celebrada pela liturgia dos dias da Páscoa. A leitura desse escrito bíblico tem lugar, de forma integral, no Ofício das Leituras dos anos ímpares e, tendo por base uma pequena antologia de textos selecionados, nas Missas dominicais do ciclo C.

A PRIMEIRA CARTA DE SÃO PEDRO E AS CARTAS DE SÃO JOÃO

A primeira carta de Pedro é provavelmente uma antiga homilia batismal dirigida a alguns recém-batizados. Por isso esse escrito foi selecionado para o Ofício das Leituras da oitava da Páscoa[18] nos anos ímpares.

Para terminar, digamos que no Ofício das Leituras dos anos ímpares, terminado o Apocalipse, são lidas as cartas de são João. As repetidas alusões ao novo nascimento como filhos de Deus que esse

---

[17] Nos anos pares, segundo o Lecionário bienal da Liturgia das Horas, não segundo o anual.

[18] No *projeto*, um pouco modificado, do Lecionário bienal que está sendo preparado, essa carta é lida durante a oitava da Páscoa, todos os anos, não apenas nos ímpares, como agora.

escrito contém também o tornam apropriado para os dias pascais, nos quais o batismo é revivido com intensidade. A presença dessas cartas na Qüinquagésima é também relativamente antiga, embora apenas no âmbito da liturgia romana; mas parece que sua seleção foi feita não por sua relação com o mistério pascal, mas antes porque faziam parte de uma antiga lista de leituras das epístolas católicas, as quais, lidas primitivamente nas semanas anteriores à Quaresma, foram deslocadas mais tarde para as semanas da Páscoa.[19]

---

[19] Cf. CHAVASSE, A. *Le cicle pascal*, citado em *La Maison Dieu* 67 (1961), p. 177.

TEMPO COMUM
LEITURAS DA MISSA
(anos pares)

Passado o tempo forte Quaresma-Páscoa, as leituras bíblicas dos dias semanais, tanto na Missa quanto no Ofício, deixam o sistema de perícopes mais ou menos organizadas em torno de determinados mistérios, e a Escritura passa a ser lida com a modalidade de leitura contínua ou semicontínua; ao que se refere concretamente ao Antigo Testamento, em uma ordem fundamentalmente cronológica.

Comentamos em seções anteriores as características dessa mudança, que já acontecia ao terminar o Tempo do Advento-Natal e ao começar as primeiras semanas do Tempo Comum.

Uma meta que se deve almejar é a conquista de uma sintonia entre os diversos cursos bíblicos que dê certa unidade espiritual às pessoas que deles participam. Porque os escritos bíblicos propostos pela liturgia são sempre variados e todos eles, embora não tenham nem a mesma importância objetiva nem sobretudo o mesmo realce subjetivo, devem ter um eco mais ou menos intenso na vida daqueles que participam das celebrações.

A LEITURA EVANGÉLICA DA MISSA SEMANAL

Comecemos pelas leituras evangélicas. Os sinóticos são lidos na liturgia em dois ritmos: nos domingos uma seleção bastante ampla — mas não completa — de um sinótico a cada ano, e nos dias semanais, uma leitura moralmente integral todos os anos dos três evangelhos lidos segundo a mesma ordem progressiva na qual foram inspirados: Marcos, Mateus e Lucas.

As perícopes dos dias semanais são quase o dobro das que são proclamadas nos domingos: cinqüenta e quatro dias semanais de

Marcos face às vinte e nove no ciclo dominical; sessenta e seis nos dias semanais de Mateus face às trinta e quatro do ciclo dominical; e setenta e duas nos dias semanais de Lucas face às trinta e quatro do ciclo dominical. Na leitura diária, as perícopes de um dia para outro estão muito mais próximas tanto cronológica quanto psicologicamente entre si do que as de um domingo para o outro. Por isso, sendo mais fácil captar o dinamismo de cada evangelista nos dias semanais que nos domingos, pode ser sugestivo destacar a cada ano um dos evangelhos também nos dias semanais.

Se esse realce é feito em torno de um evangelho, destacando sua presença quando lido de uma forma mais contínua nos dias semanais, conquistar-se-á, ao longo dos anos, um aprofundamento cada vez mais pleno de cada um dos evangelhos.

Com isso, teremos duas vantagens: um conhecimento mais profundo de cada um dos relatos evangélicos e um interesse renovado da escuta dos evangelhos, tanto nos dias semanais quanto nos domingos. Assim, valeria a pena destacar nas semanas do Tempo Comum, que seguem Pentecostes, o dinamismo de Marcos. Se durante esses dias semanais for lido algum comentário *seguido* do evangelho de Marcos e, ao chegar os 26º-33º domingos, um comentário e homilia das *perícopes dominicais*, conseguir-se-á aprofundar objetivamente tanto o relato integral de Marcos, quanto suas partes mais significativas, as dominicais. E nos respectivos anos pode-se fazer o mesmo com Mateus ou com Lucas.

A HISTÓRIA DA SALVAÇÃO NAS LEITURAS DO ANTIGO TESTAMENTO

Mas o que sem dúvida apresenta mais problemas são as séries de leituras do Antigo Testamento, lidas simultaneamente, parte na Missa e parte no Ofício. Em torno delas, e para captar devidamente o significado espiritual de cada parte da História Sagrada, é necessário buscar um pano de fundo comum que ajude a ir aprofundando o sentido espiritual de ambas as séries de leituras.

O princípio fundamental que rege a seleção dessas leituras é sintetizado muito bem pela Instrução Geral sobre a Liturgia das Horas: "O

Tempo Comum – Leituras da Missa (anos pares) 109

ciclo bienal de leituras é organizado de tal modo que em cada ano se lêem quase todos os livros da Sagrada Escritura" (IGLH 146). Trata-se, portanto, de fazer uma retomada contemplativa anual *de toda a Bíblia* e, no caso concreto do Antigo Testamento, de *toda a História da Salvação*. Assim, pretende-se que o povo cristão aprofunde e contemple em sua totalidade a cada ano os atos que Deus realizou em favor de seu povo.

Para conseguir isso, na Antigüidade se lia toda a Bíblia integralmente na liturgia a cada ano. Nos nossos tempos, como não se considerou factível a leitura integral de toda a Bíblia, a reforma litúrgica distribuiu a Escritura de tal forma que em todos os anos sejam lidos o conjunto de livros entre a Missa e o Ofício.

Isso é feito com um plano especial, que é preciso conhecer: uma parte — a que se lê no Ofício, cuja extensão das leituras é quase o quádruplo da extensão da Missa — se escuta com muito mais amplitude, quase integralmente; a outra parte — a que se deixa para as Missas semanais — se lê selecionando apenas as perícopes mais importantes. Ou seja, a cada ano se proclama a metade da História da Salvação amplamente no Ofício, e a outra metade um pouco resumida na Missa.

No ano seguinte, o conteúdo é invertido: o que no ano anterior foi lido resumidamente durante a Missa neste ano é proclamado amplamente no Ofício.

Conhecer esse modo de distribuição é importante, sobretudo para aqueles que rezam o Ofício das Leituras (usando o Lecionário bienal) e participam diariamente da Missa; aqueles que apenas participam da Missa lêem tão-somente a cada dois anos o resumo mais breve do Antigo Testamento.

A HISTÓRIA DA SALVAÇÃO NOS ANOS PARES

Vejamos, por exemplo, como se apresenta a leitura do Antigo Testamento nos anos pares. Antes da Quaresma, já foi lida a história das origens e a história dos antigos patriarcas (Gênesis); durante a Quaresma, a fuga do Egito até a chegada a Canaã (Êxodo, Números e Levítico). Esses dois blocos da História Sagrada foram proclamados

110   *A Mesa da Palavra*

no Ofício. O período que vai do início da monarquia até o cisma das tribos do Norte foi lido, na Missa, antes da Quaresma, durante as 1ª-5ª semanas do Tempo Comum.

Para as semanas restantes do ano ficam, portanto, dois grandes blocos da História Sagrada: na Missa se contemplará primeiro o período que vai desde o cisma das tribos do Norte até a queda da Samaria e de Jerusalém; a seguir, serão lidos os profetas que falaram nesta mesma época e os escritos sapienciais que nasceram nesse contexto histórico. No Ofício será lido o outro bloco que resta: a época que vai desde o exílio até os tempos dos macabeus. Também nesse período serão intercalados os diversos escritos proféticos que foram inspirados com base nos eventos históricos que se relatam nesse tempo, os quais, situados no mesmo contexto histórico que os viu nascer, adquirem evidentemente mais vida e são muito mais facilmente interpretados.

DO CISMA DAS TRIBOS DO NORTE ATÉ A QUEDA DA SAMARIA E JERUSALÉM

Esse período, que se proclama em Missas semanais, é importante para aceitar pessoalmente o que Deus disse pela primeira vez a seu povo, visando provocar um sério exame sobre sua fidelidade à aliança, e quis que se cristalizasse na Escritura para que todos os séculos realizassem um exame parecido.

As leituras dessas semanas nos convidam a contemplar a decadência progressiva do povo de Deus, dividido em dois reinos desde a morte de Salomão. Nesse período desempenham um papel de grande relevo os profetas, sobretudo Elias, que inaugura o bloco de leituras, defensor da fidelidade absoluta ao Deus de Israel, herói da justiça, espírito contemplativo de excepcional valor.

Também são apresentados em ligação com esse período outros profetas que lutaram pela mesma causa e que viveram o mesmo ambiente de infidelidade a Deus e de injustiça diante dos pobres: Amós, Oséias, Isaías e Miquéias. Talvez vale a pena destacar aqui a presença, nesse contexto, de Isaías: de uma forma mais "temática", como profeta da esperança em Iahweh, estamos acostumados a escutá-lo no Advento

Tempo Comum – Leituras da Missa (anos pares) **111**

e no Natal; aqui ele é apresentado como testemunha de seu mundo, como defensor do javismo, como crítico das injustiças, à maneira de seus contemporâneos Oséias ou Miquéias.

Mas apesar dos profetas, apesar da presença de reis fiéis como Ezequias e Josias, que empreendem reformas em prol da santidade, a idolatria, a divisão e a injustiça vão minando aos poucos o povo e preparam assim o castigo da destruição. Primeiro a Assíria devasta o reino do Norte; um século e meio depois os caldeus saqueiam Jerusalém, destroem o templo e desterram o rei e as classes representativas da nação.

Através dessa história de infidelidades, os autores inspirados sabem bem que Deus não esquece seu povo e, se o castiga, é apenas visando à sua conversão. A leitura dos relatos de infidelidade, mais que uma crônica, quer ser também para nós, como dissemos, um exame: trata-se de explicar como o povo eleito pôde — e pode de novo — cair em profunda decadência. Os acontecimentos históricos lidos à luz da fé revelam que os reis desviaram o povo e, renunciando à obediência a Deus, não permaneceram na linha de Davi. É verdade que essa visão tem traços de pessimismo. O pecado se fez tão presente, que o ser humano não saberá sair dele se Deus não mandar um novo Davi, um novo Messias: nesse contexto nasceu aos poucos a esperança do Salvador, que nós, cristãos, sabemos que não é outro senão Cristo, o verdadeiro Filho de Davi, o único Messias verdadeiro.

A necessidade de ser fiéis ao Deus da aliança para não cair na mais profunda decadência, e a esperança de um libertador que realize o projeto de Davi — que não é outro senão aquele a quem o Novo Testamento chama "Filho de Davi" — constituem os traços fundamentais da espiritualidade do longo ciclo de perícopes da Missa nesses meses do Tempo Comum.

DOIS TEXTOS-CHAVE NAS LEITURAS DA MISSA

Para a compreensão dinâmica desse período, há duas perícopes que convém destacar por sua contribuição esclarecedora ao conjunto de leituras: a da quinta-feira da 11ª semana e a da sexta-feira da 12ª semana.

112 *A Mesa da Palavra*

A primeira é um trecho do livro do Eclesiástico, escrito bem mais tarde que os relatos dos livros dos Reis, apresentando a figura de Eliseu, e principalmente de Elias, com características de grande louvor. A situação religiosa que vivia Ben Sirac no século IV a.c. era bem parecida com a que viveu o povo de Israel no século IX a.C.; por isso a oportunidade da recordação de Elias e de sua vida a serviço do javismo nesse tempo. Elias, segundo nos diz esse texto inspirado, não foi apenas o profeta do século IX a.c.; sua mensagem também serve para o século IV a.c. e para o século XXI d.C. Por acaso isso não é também um convite dirigido a nós para atualizarmos a mensagem de um novo javismo que coloque Deus e Cristo no devido lugar, como Elias o fizera com Iahweh face aos deuses de seu tempo?

Outra perícope especialmente importante — necessária inclusive para a compreensão do conjunto da História Sagrada desse período — é a que corresponde à sexta-feira da 12ª semana: trata-se do ponto culminante da história das infidelidades de Israel e de Judá: a invasão de Jerusalém, a prisão de seu rei e a destruição do templo.

No dia seguinte a essa leitura segue, inclusive como ressonância poética, uma preciosa página do livro das Lamentações sobre o templo e a cidade destruídos.

DO EXÍLIO ATÉ O TEMPO DOS MACABEUS

Os relatos desse período serão lidos no Ofício das Leituras a partir do 11º domingo até o fim do ano. Se a mensagem do primeiro bloco nos convidava à fidelidade, as narrações desse segundo bloco são uma exortação urgente à coragem, ao ânimo diante da dificuldade, ao culto divino diante do ambiente secularista que rodeava Israel como nos envolve hoje: um só Deus, um só templo, essa será a mensagem dos novos profetas desse tempo (Ageu, Zacarias, Neemias, Esdras).

Uma expressão que se fez célebre em nossa época é "denúncia profética". E geralmente por "denúncia profética" se entende a defesa dos pobres, a proteção dos mais fracos. É o que fizeram os profetas de Israel e de Judá no tempo dos reis, quando os poderosos se limitavam a adornar o templo e a oferecer sacrifícios. O outro não estava "na moda".

Tempo Comum – Leituras da Missa (anos pares)

Mas há também outra denúncia profética. Porque o profeta é sempre o homem incômodo que lembra o que está sendo esquecido. Os profetas como Ageu e Zacarias têm uma mensagem também hoje esquecida: é necessário não esquecer o templo, o culto, o serviço divino.

Unir durante as longas semanas do Tempo Comum a fidelidade a Deus, o cuidado dos pobres e o ânimo da reconstrução da vida religiosa é a tarefa a que nos convidam as duas séries de leituras, certamente bem diferentes entre si, mas ambas tendo um fundo comum, que não é senão o duplo preceito da caridade.

A ESPIRITUALIDADE DO RETORNO OFÍCIO DAS LEITURAS DOS ANOS PARES
(11ª e 12ª semanas)

A partir do 11º domingo do Tempo Comum até o início do Advento, lemos nos anos pares no Ofício das Leituras (ciclo bienal) a narração dos acontecimentos da última etapa da história do povo de Deus no Antigo Testamento, história que se concluirá nas últimas semanas com a apresentação das lutas dos macabeus em prol da identidade religiosa de Israel.

Esse longo período de leitura com fundo temático unitário pretende dar um tom muito próprio à espiritualidade, pelo menos dos que habitualmente rezam o Ofício das Leituras. Reflitamos, portanto, sobre o significado espiritual dessas leituras, que vão se prolongar durante tantas semanas.

Uma primeira observação que caberia destacar é que esse período da restauração após o exílio é especialmente importante, entre outras razões, porque, idealizada durante o exílio a quase totalidade dos livros do Antigo Testamento em sua redação definitiva — entre eles, a maioria dos Salmos que hoje formam a parte mais habitual da oração litúrgica —, o povo de Deus adquire um jeito muito mais "espiritualizado" de viver do que no tempo da conquista da terra santa e da construção do templo de Salomão. Através, portanto, das páginas dessa história, o Espírito de Deus convidará hoje seu povo a viver de um modo mais "espiritual" a felicidade e a liberdade que a princípio Deus revelara principalmente através de algumas imagens mais materiais da possessão da terra e da organização de um reino.

DENÚNCIA PROFÉTICA PARA TEMPOS DE SECULARIZAÇÃO

A leitura litúrgica desse período inicia com um significativo texto do chamado "Segundo Isaías". Essa leitura dá o tom espiritual a todo o conjunto de perícopes que depois seguirão. O "Segundo Isaías", já conhecido através do Lecionário do Advento e Epifania como figura profética da restauração realizada pelo nascimento de Cristo, aqui nos é oferecido para o contemplarmos em sua significação própria, ou seja, como introdução e ambientação do período da restauração, ou, melhor dizendo, do nascimento de uma nova modalidade de vida a que Deus chama seu povo. Do "Segundo Isaías" se tomam nesse Lecionário duas leituras que enquadram as perícopes históricas e proféticas que depois seguirão: a primeira, a do 11º domingo, apresenta o libertador Ciro como instrumento de Deus; a segunda, a do 13º sábado, constitui uma culminação ou resumo parenético do que devem ser as atitudes daqueles que, à semelhança dos que restauraram a vida religiosa de Israel, somos chamados a reconstruir em cada época o verdadeiro rosto espiritual do povo de Deus.

Quando o "Segundo Isaías" começa seu ministério, a situação dos deportados mudara muito em relação ao que tinha acontecido com os primeiros a chegarem à Babilônia: de escravos, como tinham chegado ao exílio, agora muitos deles já se tinham convertido em comerciantes e proprietários. Seguiram realmente o conselho que Jeremias lhes dera: "Construí vossas casas e instalai-vos, plantai hortas e alimentai-vos delas, recebei vossas mulheres e gerai filhos e filhas" (29,5-6). Na realidade, o país dos caldeus tinha-se convertido para muitos deles em uma verdadeira pátria que, pelo menos de um ponto de vista material, era para eles possivelmente mais invejável que a Jerusalém de seus pais. Os filhos dos antigos deportados tinham conseguido certamente "encarnar-se" em seu novo ambiente; mas essa "encarnação" estava comprometendo sua vocação de povo eleito que exerceria um sacerdócio em prol das nações às quais tinha sido providencialmente enviado. Portanto, era necessário um retorno à terra de seus pais; e com o retorno convinha que ressoassem novamente vozes proféticas que chamassem a uma nova conversão.

Efetivamente, se antes do exílio surgiram profetas para fustigar aqueles que tinham esquecido que Deus não se agradava com um culto vazio, sem amor e sem misericórdia, e que era necessário que os sacrifícios fossem acompanhados de obras de serviço para os pobres, agora era necessária uma nova "denúncia profética" que lembrasse

A espiritualidade do retorno – Ofício das Leituras dos anos pares 117

a necessidade do culto, a urgência de edificar o templo para Deus. Se antigamente "não estava na moda" unir o serviço dos pobres ao culto esplendoroso do templo, e por isso os profetas lembravam essa realidade esquecida, hoje entre os habitantes tranqüilos e prósperos da Babilônia o que não estava na moda já não era a falta de misericórdia diante dos pobres, mas antes a transcendência, o culto, o elevar o coração para os bens que não se vêem. É isso que lembram os escritos que se dirigem aos desterrados.

Escutar essa mensagem será sem dúvida também hoje oportuno para nós, que vivemos em um mundo secularizado. Uma "denúncia profética" dessa característica nos convidará a uma conversão da qual estamos muito necessitados. Realmente também nos espreita, como aos israelitas "encarnados" no ambiente próspero da Babilônia, o perigo e o risco de assumir de tal forma as realidades terrenas que possivelmente esquecemos nossa verdadeira identidade cristã. Essa identidade exige que, junto ao amor ao próximo — inclusive acima dele, pois o "primeiro" mandamento da Lei é o amor a Deus, e o amor ao próximo ocupa apenas o "segundo" lugar —, coloquemos o amor a Deus e o culto divino que o manifesta. Essas leituras vão enfatizar para nós, que vivemos em um ambiente que prescinde quase sistematicamente de Deus, que não podemos esquecer, como o fizeram os israelitas da Babilônia, que um culto assíduo e puro faz parte do próprio ser cristão como sinal da adesão e do amor a Deus.

Em meio à prosperidade material da Babilônia, um "pequeno resto" permaneceu espiritualmente unido à terra dos pais, fiel às tradições de Israel e ligado à verdadeira fé dos antepassados; esse "pequeno resto" continuava sentindo falta da Jerusalém de suas origens, e sua pregação repetia às vezes: "Se de ti, Jerusalém, algum dia eu me esquecer, que resseque a minha mão! Que se cole a minha língua e se prenda ao céu da boca, se de ti não me lembrar! Se não for Jerusalém minha grande alegria" (Salmo 136). Sem templo, sem sacerdotes, sem culto, esses fiéis souberam viver apenas da esperança. E é a eles que literalmente se dirigem as páginas que escutaremos nesses dias.

Deus, ao inspirar essas páginas para fazerem parte da Sagrada Escritura, quis alertar, através daquela situação concreta, a todos nós, que no curso da história estaríamos sujeitos às várias tentações de sedução dos bens visíveis, a que tendêssemos àqueles bens não vistos com os olhos. Chamados, portanto, a viver da esperança de um Reino que supera todas as Babilônias humanamente mais prósperas, essas páginas, escutadas com fé, estão destinadas a dar seu verdadeiro rosto à nossa vida cristã. Com essa fé devemos, portanto, escutar as leituras desse tempo da restauração.

OS CONSTRUTORES DA NOVA JERUSALÉM

Os desterrados que voltam a Jerusalém retornam com um coração festivo. Uma convicção os acompanha: a de que sua fidelidade ao Deus da aliança, que em outros tempos salvara seus pais da escravidão do Egito, agora os estava salvando também a eles. Diante de seus olhos, o retorno aparece, portanto, como um novo êxodo, como o caminho para uma nova liberdade, para aquela liberdade sempre renovada, sempre mais plena e mais espiritual, a que o Espírito não deixa nunca de convocar aqueles que na oração escutam com fé sua Palavra.

Dois homens aparecem nessas páginas com um papel preponderante: Zorobabel, príncipe da dinastia de Davi, e Josué, sumo sacerdote do Altíssimo. (O fato de que historicamente, mais que Zorobabel, o herói do retorno fosse, como demonstram os historiadores, Sasabassar, seu antecessor, não modifica absolutamente o significado desses relatos que escutamos, sobretudo por seu significado de História Sagrada.) Ao proclamar, portanto, as gestas de Josué, facilmente se evocará a figura daquele outro Josué que introduziu os israelitas em Canaã, e principalmente o Josué definitivo ("Josué" é o mesmo nome que "Jesus", que significa "Deus-Salvador"), que introduzirá a humanidade inteira na terra da liberdade definitiva, na Jerusalém do céu. Assim está unificado e compenetrado todo o conjunto da História da Salvação. Nosso Josué definitivo, por outro lado, encarnará em sua pessoa os dois chefes dessa história: como nosso Josué, ele será o sumo e definitivo sacerdote do Altíssimo; como Zorobabel, príncipe da casa de Davi, ele será quem ocupará definitivamente o trono da casa de Israel. A façanha que escutamos é, portanto, toda ela como uma figura profética na qual o povo cristão é chamado a contemplar a libertação e a restauração definitiva do verdadeiro Israel de Deus.

RECONSTRUIR O TEMPLO

É fácil imaginar a emoção que invadia os deportados de ontem ao contemplar como as nuvens de fumaça dos sacrifícios se elevavam de novo ao céu a partir daquele mesmo lugar onde os antepassados haviam levantado o magnífico templo de Salomão. Mas não se tratava de reconstruir unicamente um novo altar. Os repatriados sabiam muito bem que era principalmente a aliança que devia ser renovada. Durante os longos anos do exílio, haviam tido tempo de fazer a dolorosa experiência de não existir nem salvação nem felicidade possível para o povo, se estas não se fundassem em uma fidelidade total ao Senhor. Era, portanto, necessário renovar a aliança e realizá-la na própria vida. Mas, para viver essa Aliança, eram indispensáveis alguns sinais externos com os quais a aliança se fizesse presente e operante. Nesse sentido, a reconstrução do templo era vislumbrada como o sinal primordial da obra do retorno.

Para viver a própria fidelidade a Deus, como prometemos solenemente a cada ano na Noite Santa da Páscoa, são necessários determinados sinais que lembrem constantemente essa dedicação a Deus em Jesus Cristo. Sendo assim, têm grande importância o trabalho de construir a Igreja, a ajuda para que suas estruturas apareçam como sinal visível da presença de Cristo entre nós, o cuidado com o devido significado dos ritos litúrgicos, a insistência junto aos fiéis — diante dos alunos de um colégio cristão, por exemplo — da impossibilidade de seguir Jesus Cristo sem determinadas práticas, como a participação na Missa dominical, o cuidado dos repatriados pela reconstrução do templo. E tudo isso as leituras desses dias podem nos recordar.

AS DIFICULDADES DA RESTAURAÇÃO

Assim que começar a descrição do retorno — a terça-feira da 11ª semana —, a leitura bíblica nos fará viver a afirmação do apóstolo Paulo a Timóteo: "Aliás, todos os que quiserem levar uma vida fervorosa em Cristo Jesus serão perseguidos" (2Tm 3,12). A primeira dificuldade foi encontrada pelos repatriados diante dos habitantes que haviam ocupado o território abandonado pelos judeus no momento do exílio, principalmente os samaritanos. Quando, em 721, o rei da Assíria venceu o rei do Norte, deportou uma parte da população e a substituiu por colonos trazidos de outros lugares de seu império (cf. 2Rs 17,24-41). Esses colonos conservaram seus costumes, suas crenças, seus cultos; às suas práticas religiosas foram somadas as crenças dos samaritanos. Portanto, fazia já mais de dois séculos que um grande sincretismo religioso reinava entre os habitantes do território ao qual agora chegavam os desterrados. Os samaritanos, que oravam ao mesmo Iahweh dos judeus, podiam ter razões para se unir aos que estavam chegando. Mas esses samaritanos, junto a Iahweh, veneravam também outros deuses! Apesar disso, propuseram sua ajuda para a reconstrução do templo: "Vamos ajudar-vos porque também nós servimos a vosso Deus". Mas os recém-chegados tinham consciência das advertências que o Segundo Isaías lhes dera, quando se dispuseram ao retorno, sobre a pureza necessária para o culto que devia ser restaurado: "Jerusalém, cidade santa, o impuro não encontrará mais como voltar a ti" (Is 52,1). Por isso, Zorobabel e Josué respondem com valentia: "Não edifiquemos juntos o templo de nosso Deus".

À primeira vista tal atitude pode parecer estreiteza de visão, espírito pouco aberto, sectarismo religioso. Mas a garantia da fé e a pureza da mensagem evangélica têm também suas exigências, e não podem consentir que qualquer categoria boa ou religiosa seja tida já como fazendo parte da mensagem revelada.

Também hoje — talvez hoje principalmente — a tentação de assimilar o que seja simplesmente bom com o que seja propriamente cristão nos espreita por todas as partes. É certo que todas as religiões buscam a Deus, mas também apenas Cristo e o Evangelho que vive em sua Igreja são a plenitude da verdade. Faríamos, portanto, um dèsserviço aos seres humanos se, chamados como somos a anunciar o Evangelho, confundíssemos este com qualquer tipo de religiosidade ou com qualquer tipo de bondade. Deus tem certamente muitos caminhos para chegar ao ser humano e para aproximar o ser humano a si, mas nos foi incumbido o anúncio do Evangelho de Jesus, que não é apenas a verdade, mas a plenitude da verdade e da vida. Uma atenta leitura da Declaração *Nostra aetate* do Concílio Vaticano II, sobre o valor das religiões não cristãs, poderia iluminar o sentido das lutas em prol da pureza da religião que nos propõe Deus nesses relatos.

A espiritualidade do retorno – Ofício das Leituras dos anos pares 121

Mas se os repatriados souberam recusar a tentação do sincretismo religioso, sucumbiram, no entanto, diante da tentação do desânimo e diante das dificuldades da reconstrução, fomentadas, por outro lado, pelos samaritanos ofendidos. Muitos obstáculos haviam surgido para que o povo pudesse superá-los: intimidações, agressões, denúncias, falta de armas e de dinheiro; tudo isso somado acaba finalmente com o entusiasmo inicial do povo. As obras do templo de Jerusalém, portanto, foram suspensas, e cada um se dedicou a construir sua própria moradia.

Ao escutar esses relatos, devemos pedir a Deus que as dificuldades — muitas e difíceis, sem dúvida, também em nossos dias — não desanimem aqueles que são chamados a reconstruir hoje o verdadeiro templo de Deus, que é a Igreja. Todos, sem dúvida alguma, assistimos com dor ao abandono da própria vocação de muitos que haviam iniciado seu caminho com entusiasmo exemplar. E todos experimentamos em nós mesmos algumas vezes o abandono interior dos momentos difíceis. Que Deus envie a nós e à sua Igreja profetas que a animem, como enviou Ageu e Zacarias aos desterrados, e que com a mensagem desses mesmos profetas reanime também hoje a esperança da Igreja, que nesses dias escuta sua mensagem.

O PROFETA AGEU

Passaram meses, depois anos, e cada um dos antigos deportados já se havia reinstalado, mais ou menos bem, na antiga terra de seus pais. Mas todos tinham abandonado o projeto da reconstrução do templo de Iahweh; ninguém teve a reação de Davi, que se recriminava por viver em seu palácio, enquanto a arca estava ainda sob uma tenda. Inclusive os próprios chefes, Josué e Zorobabel, tão cheios de zelo no começo, haviam renunciado ao projeto. Agora parecia a todos suficiente o altar construído sobre o pavimento do antigo templo, o qual, de provisório, como fora projetado, ia passando na prática a definitivo.

Diante desse conformismo, no ano 520, "fez-se ouvir a Palavra do Senhor mediante o profeta Ageu. 'Vai dizer a Zorobabel [...] e a Josué" (Ag 1,1). Não foi certamente uma mensagem de felicitação o que o profeta anunciou: "Este povo diz: 'Ainda não chegou o momento de edificar a casa do Senhor' [...]. Acaso para vós é tempo de morardes em casas revestidas de lambris, enquanto esta casa está em ruínas?" (Ag 1,2.4). Josué, Zorobabel e o povo não fecharam seus ouvidos à voz de Deus. E o santuário começou a ser levantado. Esse novo templo não terá certamente a riqueza do templo anterior; mas ânimo, Josué, ânimo, Zorobabel, o essencial não é a riqueza e o esplendor material: "A glória deste segundo templo será maior que a do primeiro: neste lugar darei a paz".

O livro de Ageu é muito breve. Em dois dias o Lecionário nos oferecerá seu texto integral. Mas em sua brevidade esse livro está cheio de esperança messiânica. Fala-nos de Zorobabel, que, de fato, é o último príncipe da dinastia de Davi que aparece na Bíblia, o último "messias" em sentido material ("messias" significa "ungido", e o "ungido" era o rei); de agora em diante o "messias" deixará lugar apenas para uma esperança futura; em seu lugar, como representante de Deus, aparecerá tão-somente a linha sacerdotal. Mais tarde — na época posterior ao Novo Testamento — inclusive o sacerdócio de Israel desaparecerá; as bênçãos, portanto, anunciadas por Ageu serão realizadas por completo apenas em Jesus, o verdadeiro Messias (ou seja, "Ungido" ou "Rei") e o verdadeiro e único sacerdote.

O PROFETA ZACARIAS

No mesmo ano em que Ageu anunciava seus oráculos, apareceu também outro profeta: Zacarias. Seu estilo é muito diferente do de Ageu: embora também fale da necessidade de reconstruir o templo, suas palavras, contudo, vão mais além do templo material. Os realces de Zacarias se assemelham aos de Isaías. A reconstrução do templo é certamente necessária. "Sinto grande zelo por Jerusalém, me volto com misericórdia para ela, nela será reedificado meu templo" (leitura da sexta-feira da 11ª semana). Mas Zacarias tem alguns horizontes mais amplos: fala-nos da proximidade de Deus a seu povo, da vocação universal de Jerusalém, de que a cidade reconstruída será portadora de salvação para todas as nações.

A espiritualidade do retorno – Ofício das Leituras dos anos pares **123**

Como Ageu, Zacarias destaca o papel de Zorobabel, príncipe da dinastia de Davi e construtor do templo. Mas junto a ele cada vez ganha mais destaque Josué, o sumo sacerdote. Em uma de suas grandes visões, apresenta-nos os dois chefes (as duas oliveiras), Zorobabel e Josué, abençoados e consagrados por Deus. Mas a partir desse momento a dinastia real irá perdendo importância e será o sacerdócio o único que receberá a honra (esse é o quadro que encontramos no tempo do Novo Testamento).

Quatro nomes, portanto, estão estreitamente associados a essa obra de restauração: por um lado, Zorobabel e Josué; por outro, Ageu e Zacarias. Através deles, em meio certamente a enormes dificuldades — o Reino de Deus é alcançado apenas pelos que se esforçam —, por meio desses seres humanos o plano de Deus se realiza: o templo é inaugurado em 515 e, muito acima do templo, Deus anuncia de novo, sobretudo por meio dos oráculos de Zacarias, que se compadeceu de seu povo.

TEMPO COMUM
AS LEITURAS DOS ANOS ÍMPARES

Vamos refletir agora sobre as leituras bíblicas que são proclamadas no Tempo Comum, nas semanas dos meses de junho a agosto dos anos ímpares.

Iremos nos deter apenas nas leituras semanais, porque as dominicais e festivas já costumam ser bastante conhecidas em sua intenção e em seu aproveitamento espiritual.

Nesses dias semanais dos meses de junho a agosto dos anos ímpares, os que rezam o Ofício Divino completo vão escutar três livros bíblicos: no Ofício Divino, a história do povo de Deus desde a conquista de Canaã até o exílio da Babilônia; nas primeiras leituras da Missa, a narrativa das origens do povo eleito, começando pela vocação de Abraão até chegar à história de Samuel; e, finalmente, no Evangelho, a totalidade da pregação de Jesus, desde o sermão da montanha até o discurso escatológico segundo são Lucas.

O OFÍCIO DAS LEITURAS: DESDE A CONQUISTA DE CANAÃ ATÉ O EXÍLIO DA BABILÔNIA

Para comunicar-nos sua mensagem, Deus se serviu de três etapas sucessivas que, cada uma à sua maneira, influíram na composição dos livros de Josué, Juízes, Samuel e Reis, até que eles chegassem a ser os livros que hoje lemos como "Palavra de Deus".

Na base das narrativas desses livros, temos diversos acontecimentos históricos ocorridos no século XIII a.C., dos quais nos dão prova as modernas escavações realizadas na Palestina. Estas últimas demonstram que por aqueles tempos foram arruinadas antigas civilizações, deixando espaço para que se instalassem no território jovens povos vindos de outras partes. Nesses vestígios, de incêndios e destruições, temos provavelmente marcas dos hebreus que penetraram em Canaã, como leremos no Ofício durante esses dias.

126 A Mesa da Palavra

Uma segunda causa que influiu na composição dos atuais relatos foi a reforma religiosa ocorrida em Israel no século VII a.c. Israel, uma vez instalado na Palestina, atravessou uma grave crise de identidade: seduzido pelo prestígio das nações vizinhas, entregou-se cada vez com menos escrúpulos às práticas pagãs. Diante dessa situação, nasceram diversos movimentos religiosos de resistência: reformas impostas pelos melhores reis (Josias, Ezequias etc.), intervenções dos profetas, obras educativas dos sábios. Essas correntes cristalizaram-se no que mais tarde será chamada a "espiritualidade deuteronômica", cujo melhor representante é o livro que leva o nome dessa escola, a qual está presente também em diversos outros escritos da época. Dessa espiritualidade, sem dúvida alguma, também os livros de Josué, Juízes, Samuel e Reis tomam aspectos religiosos e doutrinais.

Uma terceira e última causa intervém ainda para dar a nossos livros bíblicos sua configuração religiosa definitiva: a reforma deuteronomista necessitava de uma base popular para que conseguisse atingir o povo humilde. Para esse fim, foram de grande utilidade os antigos relatos da conquista de Canaã, do estabelecimento do reino de Davi e Salomão, da glória e depois da decadência de Israel, tal como circulavam desde antigamente entre o povo. Essas antigas lembranças, sob a inspiração divina e influenciadas pelo que chamamos "espiritualidade deuteronômica", cristalizam-se, no século VI a.C., nos livros que vamos ler durante os meses de junho a agosto, livros que poderíamos intitular "comentário teológico-popular da história de Israel". Vale a pena destacar que esse sentido religioso de nossos livros não é uma visão "piedosa e artificial", mas foram os próprios autores da reconciliação aqueles que projetaram a obra com esse enfoque, como o demonstram muitas das passagens de nossos livros. Esse enfoque é, portanto, "Palavra de Deus" e interpretação literal dos livros.

A Páscoa de Jesus nos fez reviver nossa entrada na verdadeira terra prometida, que é a Igreja. Mas nem tudo termina aqui. Não é necessário insistir na fidelidade. O *livro de Josué* nos recordará isso com empenho (10ª semana).

O *livro dos Juízes* (11ª semana), ao nos evocar as dificuldades que os hebreus tiveram para se constituir como nação, nos fará viver as dificuldades do combate que a Igreja — nós — trava para constituir no

Tempo Comum – As leituras dos anos ímpares　　*127*

mundo o Reino de Deus e até que ponto a fragilidade de nossa fé pode ser tentada, e inclusive vencida, pelas seduções de tantas e tantas idolatrias que nos ameaçam. Com essa perspectiva, as aventuras, à primeira vista muito pouco edificantes, do livro dos Juízes servirão de alimento à nossa oração e nos darão a certeza de que o Senhor está do lado de nossa fragilidade, guiando seu povo para a edificação definitiva do Reino, embora seja em meio às limitações da pobre história da Igreja.

Nos *livros de Samuel* (12ª a 16ª semanas) o Senhor se mostrará próximo aos seres humanos. A elevada figura de Davi brilhará particularmente. Sua pessoa nos será imposta como sinal das promessas de Deus, garantia de sua fidelidade, fonte daquela esperança que sempre renasce e que se cristaliza na espera do Messias.

Finalmente, *os livros dos Reis* (16ª a 19ª semanas) nos farão meditar até que ponto pode chegar a infidelidade do ser humano, nossa própria infidelidade. Nesses livros, as reflexões religiosas serão cada vez mais freqüentes e mais sistemáticas. Elas querem ser, principalmente, o exame de consciência do povo de Deus. Trata-se de explicar como Israel pôde cair tão profundamente. Os acontecimentos narrados nesses livros e iluminados pela fé nos falam de como os reis desviaram o povo eleito de Deus e, ao serem infiéis ao Senhor, se distanciaram da linha de fidelidade de Davi. Essa visão do Israel decadente e pecador deve nos fazer refletir. Em outras partes, encontramos o pecado, e não se vê como o ser humano, abandonado a si mesmo, possa superá-lo. Apenas se Deus lhe mandar um Salvador poderá sair vitorioso. Portanto, através dessas mesmas narrativas de pecado, nas quais se evocam nossos próprios pecados, temos um convite a depositar em Deus nossa única esperança.

DINÂMICA DAS PRIMEIRAS LEITURAS DA MISSA

Nas leituras do Antigo Testamento proclamadas na Missa nos é apresentado *um período diferente*, com algumas *perspectivas religiosas diversas* e inclusive com uma *dinâmica própria*.

Em primeiro lugar, quanto ao modo de apresentar a história, na Missa se procede de um modo muito mais breve: as leituras são mais

128   *A Mesa da Palavra*

curtas, e os dias dedicados a cada período menos numerosos.[1] Conseqüentemente, os ensinamentos e reflexões desse ciclo são, espiritualmente falando, menos ricos que os do ciclo do Ofício das Leituras. Por isso, recomendamos fazer das leituras do Ofício Divino o tema habitual da oração pessoal e fazer das da Missa o instrumento para sugerir mais suavemente os conteúdos meditados em profundidade através das leituras mais completas do Ofício.

Notemos, em segundo lugar, que parte dessa história já foi proclamada no Ofício das Leituras (referimo-nos ao período que vai desde a entrada de Canaã até o tempo dos juízes, início do período lido no Ofício, e que na Missa constituirá a conclusão da época relatada).

A dinâmica de ambos os ciclos é também diferente: na Missa começa-se pela pré-história do povo eleito (vocação de Abraão) e se conclui com as narrativas dos juízes (desde o nascimento do povo eleito até sua entrada na terra prometida), enquanto no Ofício são lidas as origens do mundo e a história dos antigos patriarcas como um bloco que serve de preâmbulo ao Êxodo, e as narrações da saída de Israel do Egito como uma epopéia à parte, própria do Tempo da Quaresma.

Finalizamos destacando que, para viver melhor a mensagem dessas breves leituras da Missa, será, sem dúvida, de grande ajuda e proveito aprofundá-las mais longa e pausadamente em outro período do ciclo litúrgico através das longas leituras do Ofício Divino. Nesse caso, a breve síntese que o Lecionário da Missa semanal nos apresenta evocará facilmente toda a riqueza que nos deu a apresentação extensa desse mesmo período no Lecionário do Ofício das Leituras.

A leitura da segunda parte do *Gênesis* (12ª a 14ª semanas: Gn 12–50) recolhe e organiza as mais antigas lembranças sobre as origens de Israel (séculos XIX-XVII), apresentando-nos os traços mais essenciais da vida dos primeiros antepassados do povo de Deus. Assim, a história de Abraão nos recorda como Deus não abandona nunca o ser humano

---

[1]   Apresentamos dois exemplos para evidenciar até que ponto o conteúdo bíblico das leituras do Ofício é muito superior ao que é possível na Missa. Nesta última, são destinados ao livro de Josué três dias; no Ofício, no entanto, sete. Levando em conta, por outro lado, que a extensão de cada leitura do Ofício equivale aproximadamente à extensão de três leituras da Missa, o mencionado livro de Josué terá na Missa uma extensão de três trechos, enquanto no Ofício, vinte e um. Os Atos dos Apóstolos são lidos durante os cinqüenta dias do Tempo Pascal, tanto na Missa quanto no Ofício, mas como as leituras do Ofício são três vezes mais extensas, na Missa apenas será lida uma terça parte do livro.

Tempo Comum – As leituras dos anos ímpares

e o chama, inclusive quando este vive afastado de seu conhecimento; também destaca com a maior força como toda a salvação se apóia na fé em Deus mais que nas obras, sempre deficientes, do ser humano. Essa é a interpretação mais autêntica que a carta aos Romanos dá à história de Abraão.

Isaac nos é apresentado principalmente como novo sinal de que Deus escolhe livremente a quem quer, e que a escolha não depende nunca de méritos humanos prévios. É assim novamente que a carta aos Romanos interpreta essa história. A história de José — que é um relato composto por um sábio de Israel — quer ser uma narrativa sobre a Providência; esta última sabe tirar bom proveito inclusive do próprio pecado. Para os cristãos, José é uma eloqüente figura de Jesus: este penetra no Egito de nossa humanidade para salvar com sua morte inocente os homens, como José salvou seus irmãos.

A seqüência *Êxodo-Deuteronômio* (15ª a 19ª semanas) evoca a espiritualidade pascal. Essas leituras encontrariam, sem dúvida, seu melhor contexto no período quaresmal (e é nesse período que são lidas extensamente no Ofício das Leituras), mas as leituras da Missa desse ciclo já estão ocupadas por outros temas. Por isso, no contexto pascal, apenas encontram um breve espaço na Noite Pascal, e conseqüentemente, para aqueles que não rezam o Ofício das Leituras, é preciso buscar para elas, nessas semanas, um espaço próprio.

O PENTATEUCO

Vejamos como se realiza a leitura da Escritura em relação ao Pentateuco nos anos ímpares.

GÊNESIS: é lido nos anos ímpares na Missa, dividido em duas seções: os onze primeiros capítulos nas 5ª e 6ª semanas do Tempo Comum e os restantes nas 12ª, 13ª e 14ª semanas. Convém destacar dois aspectos dessa leitura que podem ajudar a compreender de modo mais inteligente o livro: (a) a divisão em dois blocos corresponde muito bem à própria natureza do Gênesis: efetivamente, os onze primeiros capítulos, mais que uma história, constituem uma filosofia inspirada para iluminar as origens da humanidade, resumindo um conjunto de séculos dos quais historicamente pouco se sabe: nesses capítulos a Palavra de Deus convida a contemplar a criação, as origens do mundo e o curso da história como fundamentalmente bons e nas mãos de Deus, e o ser humano é freqüentemente considerado deficiente em seu agir; a partir do capítulo 12, no entanto, o livro apresenta um traço marcadamente histórico: relata-nos a história do povo eleito a partir da vocação de Abraão; (b) a segunda nota que vale a pena destacar é que, assim como nesses anos se propõem na leitura da Missa por um lado a filosofia das origens e por outro a história dos antigos patriarcas — unindo a leitura do Gênesis à dos demais livros históricos da Bíblia até chegar à monarquia, nos anos pares, no Ofício das Leituras —, o Gênesis será apresentado em um só bloco: filosofia das origens e história dos primeiros patriarcas até José, como introdução aos relatos do Êxodo, que serão lidos esses anos durante a Quaresma. Temos, portanto, uma mesma leitura, mas com dois enfoques muito diferentes, que fazem com que esse livro apresente em ambas as ocasiões uma sugestiva nota de variedade e novidade.

Êxodo: é lido durante a Missa nas 15ª, 16ª e 17ª semanas como continuação da história dos antigos patriarcas. A finalidade dessa leitura é continuar a História da Salvação, que teve início com a vocação de Abraão. Embora o Êxodo seja por antonomásia o livro da liberdade do povo de Deus e da Páscoa, essas características se destacam muito mais na leitura que desse mesmo livro se fará no Ofício das Leituras na Quaresma nos anos pares. A leitura mais breve dos ímpares na Missa, em pleno Tempo Comum, pode ser um bom instrumento para reavivar o sentido pascal de toda a vida cristã.

Levítico: desse livro são lidos unicamente duas breves perícopes na 17ª semana. Depois da leitura do Êxodo, esses textos apresentam o culto como continuação — memorial da libertação do Êxodo. Uma leitura mais "ambientada" na espiritualidade pascal e mais ampla será apresentada nos anos ímpares durante a Quaresma.

Números: é lido também durante a Missa na 18ª semana. São apresentadas apenas quatro breves perícopes, que servem como continuação das narrações do Êxodo-Levítico; nos anos pares o livro será lido como o Êxodo, durante a Quaresma, no contexto da contemplação da libertação pascal; a leitura breve dos ímpares na Missa pode servir como recordação da espiritualidade pascal.

Tempo Comum – As leituras dos anos ímpares 131

DEUTERONÔMIO: é lido durante os anos ímpares em duas ocasiões e com duas características diferentes: a principal leitura do livro, na qual o escrito apresenta toda a sua grandeza, é a que se faz durante a primeira parte da Quaresma, desde a Quinta-feira de Cinzas até o sábado da 2ª semana da Quaresma. Trata-se de uma leitura marcadamente quaresmal por dois motivos: (a) porque se refere à libertação pascal e (b) porque a leitura se situa no contexto de renovação da aliança depois da infidelidade. O livro foi escrito, realmente, no contexto da deportação da Babilônia: Israel, que sofre o castigo de sua infidelidade, medita no livro o que foi a epopéia da fuga do Egito e propõe converter-se. Para isso, imagina-se o grande libertador Moisés relatando a epopéia pascal e convidando a uma releitura em chave de conversão do que Deus fez por seu povo no Êxodo. Páscoa e conversão são duas chaves quaresmais, e por isso o livro meditado na Quaresma pode conquistar uma espiritualidade muito apropriada para esse tempo. Uma segunda leitura do Deuteronômio — muito mais breve — é feita nas 18ª e 19ª semanas; aqui o livro serve de enlace histórico entre Números e Josué, ajudando a captar a unidade da História Sagrada.

O EVANGELHO DE SÃO MATEUS

Terminemos esta apresentação das leituras semanais dos meses de junho a agosto com algumas breves notas sobre o evangelho de são Mateus, que será lido diariamente durante esse período.

Esse evangelho está intrinsecamente formado por três blocos: (a) as narrativas da paixão e ressurreição do Senhor, que é a parte mais antiga do escrito; (b) os relatos sobre a vida e pregação de Jesus, que formam o núcleo central; e (c) as narrativas sobre a infância do Senhor, inseridas seguramente mais tarde no conjunto da obra.

O uso litúrgico do evangelho de são Mateus respeita muito bem a distinção desses três blocos. As narrativas da infância são reservadas para os dias do Advento-Natal; a elas se acrescentam as narrativas sobre o batismo de Jesus (lidas na festa do Batismo) e sobre as tentações no deserto (reservadas para o início da Quaresma). As narrativas da paixão-ressurreição do Senhor são lidas respectivamente nas semanas da Paixão e da Páscoa. O corpo central da obra, o mais extenso, é o que constituirá as leituras dos dias semanais do período que comentamos.

Como as leituras evangélicas dos domingos costumam ser as mais estudadas e aprofundadas, seguramente a simples leitura atenta das páginas desse evangelho será suficientemente evocativa. Talvez o mais importante da leitura *semanal* (integral e contínua) seja insistir na conexão entre as perícopes: o que nos domingos do ano A se aprofunda, perícope por perícope, na leitura semanal pode contemplar-se especialmente em seu dinamismo intrínseco. Insistir, portanto, no esquema desse evangelho — os grandes discursos e a viagem da Galiléia para Jerusalém vistos em conjunto — pode enriquecer significativamente sua visão.

MEDITAÇÃO SAPIENCIAL OFÍCIO DAS LEITURAS NOS ANOS PARES (27ª-31ª SEMANAS)

O contexto em que a liturgia situa a leitura do Eclesiástico (Sirácida) e da Sabedoria, dois livros sapienciais, é o período que vai desde o exílio até o fim do Antigo Testamento. Um período cheio de dificuldades para Israel em seu caminho de fidelidade a Deus.

A liturgia coloca esses dois livros nas 27ª-31ª semanas para que revivamos com eles uma das etapas do caminho de luta contra o mal e a tentação que nos levará finalmente ao triunfo na parusia, que será o tema próprio das últimas semanas do ano e do Tempo do Advento. Portanto, meditar devidamente esses dois livros nos ajudará a viver melhor uma das atitudes fundamentais da vida cristã: a espera ansiosa da vinda do Messias glorioso, a qual se intensificará especialmente no próximo Advento. Mas esses dois livros são também muito adaptados e sugestivos, mais concretamente para o mês de outubro — desse enfoque queremos falar precisamente aqui —, como estímulo e orientação das atitudes cristãs que somos convidados a assumir ao retomar as tarefas da nova etapa (inclusive nos mosteiros do hemisfério norte o verão significa um certo "relaxamento" que muitas das antigas famílias monásticas concluem ou na festa da Exaltação da Santa Cruz [14 de setembro] ou no começo de outubro; por isso, até mesmo os monges podem falar do começo das atividades da etapa).

O LIVRO DO ECLESIÁSTICO

Esse livro vai constituir a leitura litúrgica do Ofício durante três longas semanas, da 27ª à 29ª. Situar, portanto, sua leitura no contexto mais preciso, a fim de dar-lhe seu sentido espiritual mais exato, terá repercussões importantes na vida de oração e ajudará a contemplar o plano de Deus para os seres humanos.

Cronologicamente, o livro foi escrito no século II a.c., em um momento em que a cultura grega — por obra sobretudo dos selêucidas — se impunha com violência aos israelitas, os quais os gregos queriam conquistar por meio de seu saber, humanamente muito superior ao de Israel. Tendo como objetivo a leitura litúrgica desse livro, convém destacar essa situação histórica mais como característica espiritual do que como simples nota de erudição. Essa característica, se depois as leituras forem escutadas com atitude contemplativa e orante, constituirá para os ouvintes uma ajuda poderosa para melhor compreender o que Deus, através daquela situação concreta vivida por Israel e cristalizada depois pelo Espírito nesse livro, nos vai recordar hoje.

A mesma situação de tentação que se descreve nesses livros se repetiu muitas vezes na história através dos séculos e também constitui uma das situações mais acentuadas de nossos dias. Diante dela reagiremos como cristãos, como religiosos, como monges. Para responder ao ambiente em que também hoje os cristãos, neste começo de século XXI, vivemos nossa fé, a leitura — a escuta orante — desses livros inspirados pode constituir uma ajuda poderosa. Se nos sentirmos oprimidos em nossa fé, não devemos simplesmente amedrontar-nos ou lamentar-nos; Deus, através das preciosas páginas desse livro, nos orientará e nos sugerirá como responder aos seres humanos e a nós mesmos, dando-nos aquela mesma resposta que já dera a nossos pais de Israel no século II a.C.

O autor de nosso livro nos lembra como alguns dos chefes de Israel, em seu desejo de "modernizar", como diríamos hoje, o povo, querem fazê-lo participar de uma cultura que se apresenta como mais universal e mais progressista, afastando-se assim de um judaísmo julgado como antiquado e fechado em si mesmo. Diante dessa atitude, nosso livro reage com valentia. Com isso a leitura nos advertirá também do perigo que pode espreitar os cristãos diante de algumas "aberturas", que lhe podem ser propostas como ideal, pois nem toda "abertura" é boa nem verdadeira: a única norma absoluta não é nem a modernidade, nem o que diz o ambiente, nem muito menos o que pessoalmente nos possa parecer mais razoável, mas sim a fidelidade à revelação, oferecida ao ser humano para que este a atualize em cada uma das épocas da história, aplicando-a a cada situação concreta, mas sem modificar nunca o conteúdo que nos foi dado pelo próprio Deus.

Meditação sapiencial – Ofício das Leituras nos anos pares   135

Nosso livro repercute essas afirmações da vontade férrea de um grupo de fiéis israelitas que, com valentia, se opõe ao ambiente pagão em que Israel vive mergulhado e animam o povo para que saiba defender sua fidelidade à Lei e se mantenha fiel à sua vocação de povo que testemunha a supremacia de Deus face às nações. Hoje sua leitura, quando vamos retomar as tarefas cristãs, nem sempre fáceis, de um novo curso, convida-nos a redescobrir e confessar em meio aos seres humanos a supremacia do Evangelho que nasceu e que vive apenas na Igreja, e a colocá-lo acima de qualquer outra ideologia ou "modernidade", embora esta nos seja apresentada como mais avançada.

Em um primeiro momento, Israel foi chamado à "resistência espiritual" em prol de sua própria fidelidade diante da idolatria da modernidade helênica; dessa fidelidade nos falam o Eclesiástico e o livro da Sabedoria. Essa também parece ser nossa vocação em meio ao mundo das "idolatrias" ideológicas. Mais tarde virá para Israel um segundo momento: o da resistência, inclusive violenta, diante do perseguidor, até o martírio e o derramamento de sangue. Será o conteúdo dos livros dos Macabeus, que leremos após o da Sabedoria, a partir da 31ª semana.

Outro aspecto para cuja realização nos convida o livro do Eclesiástico — como a maioria das páginas do Antigo Testamento — é o desejo de uma revelação mais plena, a qual apenas se dá em Jesus Cristo. Efetivamente, escutando o Eclesiástico logo percebemos que para ele toda riqueza do comportamento humano tem uma meta apenas temporal: "A bênção de Deus é a recompensa do justo" (11,24), recompensa esta entendida no sentido de bens deste mundo. O Eclesiástico não sabe ir mais longe. Quando a morte chegar, acabará com uma vida que Deus terá feito feliz neste mundo se o ser humano souber ser justo; e isso é tudo para o Eclesiástico. Escutar algumas reflexões muito limitadas constitui por si só para os ouvintes cristãos uma convocação apressada a desejar com ardor que as "luzes" do ser humano natural, inclusive do melhor ser humano natural, sejam levadas à plenitude por Jesus Cristo.

O LIVRO DA SABEDORIA

Terminado o Eclesiástico, será escutado no Ofício das Leituras durante duas semanas o livro da Sabedoria. Seu conteúdo e a finalidade que almeja são muito parecidos aos do Eclesiástico. Também é parecido o ambiente onde o livro nasceu. Este, efetivamente, foi escrito um pouco mais tarde que o Eclesiástico, para reagir contra o ambiente, também invadido pelo helenismo, em que vivia a comunidade judaica de Alexandria, alguns poucos decênios antes do nascimento de Cristo. O helenismo continuava florescendo com uma força que invadia tudo, e se apresentava sob a forma de uma curiosa mistura de sistemas filosófico-religiosos que chegava a fascinar tanto os espíritos mais cultos, quanto o povo humilde. Separar-se dessa cultura contextual significava viver à margem da sociedade. Isso era tão evidente, que a visão helenista ameaçava infiltrar-se no seio das próprias comunidades judaicas, destruindo a identidade mais própria do povo de Israel.

Não é necessário insistir muito para descobrir a semelhança que se dá entre aquela situação do século I a.C. e a que nós, cristãos de hoje, temos que viver. Manter-nos fiéis em um ambiente pagão é realmente incômodo e inevitavelmente comporta o risco de que nos situem totalmente à margem da sociedade moderna. Todos conhecemos irmãos na fé que para não se verem à margem do que hoje se valoriza, para não parecerem "antiquados", renunciaram a valores cristãos irrenunciáveis; poderiam ser exemplos desses valores, entre outros, a fidelidade ao Magistério da Igreja, a aceitação das estruturas sacramentais que a comunidade cristã recebeu do Senhor e a não-aceitação do divórcio. Como é mais "moderno" dizer que essas realidades eclesiais dependem apenas de situações culturais de determinadas épocas e ambientes, usam desse pretexto para renunciar a elas, e assim podem parecer "modernos" e "atuais". E talvez algumas dessas atitudes cheguem inclusive a penetrar em nossas convicções. A leitura atenta do livro da Sabedoria virá em ajuda contra essas deficiências.

O escrito apresenta, por outro lado, uma interessante característica que o faz único em seu gênero entre todos os da Bíblia e que pode ser especialmente atraente para os cristãos de hoje: o livro da Sabedoria é o escrito de um sábio de Israel que foi capaz de se deixar impregnar pela elevada cultura da Alexandria sem se deixar, não obstante, cativar por ela. Aceita a profundidade da filosofia helênica, mas sem esquecer que a revelação judaica está muito acima dela. A doutrina do livro da Sabedoria continua sendo, efetivamente, a mesma da revelação do

Meditação sapiencial – Ofício das Leituras nos anos pares   *137*

Antigo Testamento, embora suas maneiras de expressão já sejam as da cultura grega. Um bom exemplo e um bom caminho sobretudo para os cristãos de ciência: é possível ser sábio e crente, sem submeter a revelação aos ditados do que em um momento determinado se acredita ser ciência incontestável.

Uma característica desse livro especialmente atraente para os cristãos é o fato de que, pela primeira vez no Antigo Testamento, nos é oferecida a visão clara da vida futura. Sob esse aspecto, há um verdadeiro progresso entre o livro da Sabedoria e o do Eclesiástico, que líamos nas semanas anteriores. A perícope da segunda-feira da 30ª semana é especialmente significativa e pedagógica a esse respeito: apresenta primeiro com traços fortes o pensamento pagão diante da irreversibilidade da morte: "Não se conhece quem tenha voltado do abismo"; a seguir oferece o juízo que esse pensamento merece diante dos olhos da fé: "Tais são os pensamentos dos ímpios, mas enganam-se; pois a malícia os torna cegos, não conhecem os segredos de Deus" (2,1.21-22).

Essa é a mensagem do livro da Sabedoria. Seu testemunho é o de uma fé excepcional. É sem dúvida por causa dela que Deus escolheu o autor desse livro para que com sua elevada visão fosse concluída a revelação do Antigo Testamento.

Terminados os dois livros do Eclesiástico e da Sabedoria, a liturgia nos convidará a passar das convicções espirituais à luta contra o mal e a tentação: será a mensagem dos livros dos Macabeus.

AS ÚLTIMAS SEMANAS DO CICLO LITÚRGICO

A Instrução Geral sobre a Liturgia das Horas fala de dois modos de programar a leitura contínua; são os seguintes: (a) a seleção de alguns livros levando "em conta os tempos sagrados em que, por venerável tradição, se devem ler certos livros" (IGLH 143); (b) a seleção de leituras para o Ofício levando em conta as perícopes proclamadas na Missa e vice-versa: leituras da Missa escolhidas considerando os textos do Ofício. Na organização dessas leituras, por outro lado, segue-se a dinâmica da História da Salvação para os livros do Antigo Testamento e a cronologia dos escritos apostólicos para os do Novo. Cabe notar que esses critérios, que a Instrução Geral sobre a Liturgia das Horas explicita, em relação ao Ofício Divino, se aplicam também às leituras semanais da Missa, tanto do Antigo quanto do Novo Testamento.

A MANEIRA PRÓPRIA DAS LEITURAS BÍBLICAS NAS ÚLTIMAS SEMANAS DO ANO LITÚRGICO

Uma passada de olhos superficial pelos lecionários litúrgicos das últimas semanas do Tempo Comum, quanto ao que se refere tanto às perícopes da Missa como às do Ofício, pode dar a impressão de que os textos proclamados nesses dias seguem plenamente a modalidade de "leitura contínua" comum, como no restante do Tempo Comum. Seguramente, adverte-se com facilidade que o livro de Isaías, por exemplo, apresenta uma leitura apropriada para o Advento; ou que os evangelhos da infância encontram sua melhor ambientação nos dias próximos ao Natal; ou que Jeremias se adapta bem aos dias da paixão do Senhor. Mas, ao contrário, talvez não sejam tantos os que descobrem que também as leituras das últimas semanas do Ano Litúrgico se proclamam levando "em conta os tempos sagrados em que, por venerável tradição, se devem ler certos livros" (IGLH 143).

140   *A Mesa da Palavra*

Os lecionários litúrgicos apresentam para as últimas semanas do ano leituras selecionadas "por venerável tradição". É verdade que, historicamente falando, os dados de como se distribuíam as leituras semanais da Missa na Antigüidade são escassos; mas estamos bem mais informados sobre as leituras do Ofício Divino. Mais do que isso: a informação que temos sobre a distribuição das leituras do Ofício nos últimos meses do ano é bem mais abundante inclusive da que possuímos em relação à organização do conjunto do Tempo do Advento.

Um antigo Ordo, o XIII (século VII) já nos fala de que durante os últimos meses do ano (outubro-dezembro) são lidos diversos livros que têm um forte traço escatológico (Macabeus, Ezequiel, Daniel, Isaías etc.). Inclusive podemos afirmar mais: se Isaías chegou a constituir a leitura própria do Tempo do Advento, isso foi conseqüência indireta de que, antes de existir a organização desse ciclo, já se havia implantado o costume de ler esse profeta durante o último mês do ano em razão de seu sentido escatológico. Toda uma série de dados permite, portanto, afirmar que ler os livros que figuram em nossos lecionários reformados nas últimas semanas do ciclo litúrgico é seguir uma "venerável tradição".

Mas a Instrução Geral sobre a Liturgia das Horas fala não apenas de leituras selecionadas em relação a uma "venerável tradição", mas também levando "em conta os tempos sagrados". Isso posto, esse traço de conteúdo doutrinal — sem dúvida mais importante que a simples referência histórica do que se fazia em épocas remotas — se dá também na organização dos lecionários das últimas semanas do ano. Efetivamente, o Ano Litúrgico quer ajudar os fiéis a viverem intensamente "todo o mistério de Cristo, da Encarnação e Nascimento à Ascensão, ao Pentecostes e à expectativa da feliz esperança e da vinda do Senhor" (SC 102). Assim, seguindo o dinamismo próprio da História da Salvação, o Ano Litúrgico seleciona para suas *últimas semanas*, tanto na Missa quanto no Ofício, diversos livros que ajudam a contemplar a *última faceta* da História da Salvação: o cumprimento do "último", da "escatologia". Esse critério esteve, portanto, também muito presente na seleção das perícopes dos lecionários das últimas semanas do ano.

Quanto aos anos pares, os lecionários propõem, concretamente, os seguintes livros: (a) na Missa, o Apocalipse (33ª e 34ª semanas) e as últimas cenas de Jesus em Jerusalém com seu significativo discurso apocalíptico (33ª e 34ª semanas); (b) na Liturgia das Horas, os livros da Sabedoria (30ª semana), dos Macabeus (31ª semana) e de Daniel (32ª semana). Situemos, portanto, liturgicamente, esses livros no contexto do final do Ano Litúrgico.

O LIVRO DA SABEDORIA

O livro é lido, no Lecionário bienal do Ofício nos anos pares, durante as 30ª-31ª semanas (no Lecionário anual, mais incompleto, apenas se lê uma breve seleção de suas perícopes na 30ª semana).

A leitura desse livro como conclusão do ciclo litúrgico é especial-mente sugestiva por várias razões: em primeiro lugar, porque se trata do último escrito do Antigo Testamento (século I a.C.) e, por isso, vem representar como que a última pincelada da revelação anterior a Jesus Cristo, e, conseqüentemente, é quase o portal do Novo; sobretudo ao que se refere a suas afirmações sobre a vida depois da morte. Uma vez que sua leitura litúrgica é situada no final dos escritos da Antiga Aliança, como sua coroação, serve, ao mesmo tempo, como introdu-ção ao ciclo do Advento, que celebrará a vinda daquele que leva a seu total cumprimento a Antiga Lei. Outra característica interessante da situação desse escrito nas últimas semanas do ciclo é o fato de que, cronologicamente falando, o livro faz parte, junto com Macabeus e Daniel, do bloco do Antigo Testamento que fala claramente da vida e da ressurreição universal, oferecendo-nos assim uma mensagem de esperança face à morte, esperança essa desconhecida nos livros anterio-res. Terminar o ciclo com o convite para ultrapassar com otimismo as fronteiras da morte é colocar um expressivo ponto final, que constitui ao mesmo tempo um portal para entrar depois na mensagem central do Evangelho: a fé na ressurreição final, já não mais apenas prometida, mas inclusive inaugurada na pessoa de Jesus.

Dessa maneira, o Lecionário litúrgico do Ofício nos leva progres-sivamente através das sucessivas semanas do ciclo, das incertezas humanas à esperança da ressurreição. Efetivamente, na 14ª semana, o livro dos Provérbios com sua "sabedoria" humana e filosófica, tomada do mundo grego e assumida por Deus nos livros sagrados, vinha nos dizer que "o prêmio dos justos consiste em uma vida boa e tranqüila aqui na terra, conseqüência da justiça de Deus que não pode abandonar o justo"; nas semanas seguintes (15ª-17ª), o livro de Jó se coloca, com um maior realismo, sérias objeções contra esta visão: "Deus deveria fazer justiça com o que é fiel, mas esta justiça terrena não parece se dar, pelo menos em toda a vida humana"; o livro do Eclesiástico (semanas 27ª-39ª) volta a insistir na mesma doutrina otimista e simples do primeiro livro dessa série (Provérbios): o prêmio do justo é a felicidade desta vida como fruto da justiça de Deus.

Esse ciclo de reflexões, verdadeiras certamente (quem negará que o justo desfruta pelo menos de uma relativa felicidade como conseqüência de sua tranqüila consciência?) mas sem dúvida incompletas, fica desbloqueado definitiva e plenamente com a *última resposta* que escutaremos nos livros lidos nas *últimas semanas* do ciclo: a justiça de Deus não termina com a morte, porque Deus ama o ser humano com amor eterno. Portanto, o livro da Sabedoria inaugura, no Lecionário, a resposta definitiva.

OS LIVROS DOS MACABEUS

Como o da Sabedoria, também esses dois livros têm um forte sentido escatológico. São escritos da última época do Antigo Testamento, ou seja, dos tempos que precederam imediatamente a Jesus Cristo, e por isso, constituem, cronologicamente, a culminação da Antiga Aliança. Essa já é uma primeira razão que justifica a leitura desses livros no final do ciclo litúrgico.

Os dois livros dos Macabeus não são, como poderia se pensar à primeira vista, uma história em duas partes; são antes duas narrativas paralelas que se referem aos mesmos acontecimentos e os repetem, ao menos em parte. Nisso, se assemelham aos evangelhos sinóticos, cada qual à sua maneira e com seu estilo próprio. Esses dois escritos, cuja leitura se entremeia no Lecionário para apresentar uma antologia dos atos mais relevantes, apresentam a longa luta de Israel para defender a fé dos pais, agora em perigo pela perseguição pagã.

As últimas semanas do ciclo litúrgico

Esses relatos não são simples história, mas escritos inspirados pela fé e para alentar a fé. O povo de Deus não deve perder sua identidade por causa da perseguição e dos triunfos aparentes do inimigo. Fundamentalmente, a fé de Israel aparece e é, nesses relatos, a mesma que a dos tempos passados, embora agora se manifeste com modalidades diferentes, como o zelo pela Lei e o horror diante das blasfêmias e dos costumes pagãos.

Essas lutas do povo de Deus por defender a identidade de sua fé são como a imagem dos combates dos últimos tempos, aos quais farão referência precisamente o Apocalipse de João e o discurso escatológico do final de Lucas; escritos que leremos precisamente durante essas mesmas semanas na liturgia na Missa.

O LIVRO DE DANIEL

Eis aqui um escrito à primeira vista desconcertante. Ele inaugurou em Israel, no século II a.C., um novo estilo chamado "apocalíptico", que, nascido do judaísmo, tem suas raízes também na primitiva literatura cristã e dura mais de três séculos.

Essa obra é um testemunho cheio de vitalidade da fé de Israel, e vem a ser como uma síntese entre o que é a esperança anunciada pelos profetas, a reflexão dos livros sapienciais e as representações religiosas dos povos vizinhos incorporadas a Israel. Apesar de ter sido escrito na mesma época e para responder à mesma problemática dos livros dos Macabeus, em seu estilo é totalmente diferente deles. Sua finalidade, contudo, é a mesma: oferecer uma mensagem de esperança no momento difícil da perseguição e dar ânimos aos perseguidos, ajudando-os a perseverar firmes até o fim. Quer alentar seus destinatários — e nós com eles — com a promessa da ressurreição e de uma vida eterna.

Nosso livro tem íntima conexão não apenas com a etapa final da história geral, tal como a propõem os livros bíblicos dessas semanas, mas em particular também com a solenidade de Cristo Rei do universo, celebrada nessa semana. Precisamente, a oração da coleta (oração do dia) desse dia vem a ser um dos melhores comentários a esse livro. Nele, efetivamente, Deus aparece como o dono supremo da história, e

144   *A Mesa da Palavra*

seu povo como o reino que triunfará no final dos tempos para constituir um império "que não terá fim".

NOS ANOS ÍMPARES

Nos *anos ímpares*, esses mesmos livros, que aqui lemos com bastante abrangência, são proclamados mais seletivamente na Eucaristia. Assim, na 32ª semana lemos o livro da Sabedoria; na 33ª, uma seleção dos livros dos Macabeus; na 34ª, o livro de Daniel.

Assim, o que um ano é o objeto de meditação no Ofício, no seguinte vem proclamado mais abreviadamente na Eucaristia.

Quanto às leituras do *Ofício* nos anos ímpares, proclama-se durante as três últimas semanas (já desde o sábado da 31ª semana) uma ampla seleção do profeta Ezequiel.

AS LEITURAS BÍBLICAS DA MISSA (ANOS PARES)

Terminemos aludindo ao Lecionário mais breve da Missa. Duas séries de leituras, também escatológicas, acompanham durante essas semanas a celebração da Eucaristia: o Apocalipse de João e a narrativa dos últimos dias de Jesus com as parábolas alusivas ao final dos tempos e o discurso escatológico.

Quanto ao Apocalipse, notemos que, como Daniel e em seu mesmo estilo, nos apresenta a vitória definitiva sobre o mal e a realização do Reino eterno de Deus. A partir de uma perspectiva litúrgica, é sugestivo lembrar que o livro também é lido no Lecionário do Ofício (no bienal nos anos ímpares e no anual) durante a Qüinquagésima pascal. Dessa forma, faz-se uma relação, de certa maneira, entre a escatologia e a Páscoa, entre o triunfo de Cristo e a esperança do triunfo de seu povo. Na Páscoa, efetivamente, se lê integralmente — agora apenas uma antologia das perícopes principais — como contemplação da vitória do Cordeiro sacrificado. Nessas últimas semanas do ciclo, como convite à esperança de que o triunfo do Senhor, na última etapa da história, será compartilhado também por seu povo. A Páscoa de Jesus, vivida hoje na esperança, será finalmente também nossa Páscoa e nosso triunfo.

A ESCATOLOGIA, CONCLUSÃO
DO ANO LITÚRGICO

Ao final do Ano Litúrgico, os lecionários, como vimos, nos convidam a escutar diversas perícopes que evocam o final dos tempos. Textos misteriosos, algumas vezes até mesmo aparentemente estranhos e inquietantes, freqüentemente difíceis de concordar entre si.

Não obstante, apesar de sua diversidade, todos esses escritos coincidem em uma mesma convicção: Deus, fiel à aliança pactuada com os seres humanos, levará a cabo seu desígnio de salvação e intervirá no fim da história para colocar termo ao estado atual das coisas e inaugurar relações totalmente novas entre ele e sua criação.

Portanto, nós, cristãos, devemos desejar cheios de confiança e de paz o dia em que esse triunfo do Senhor e de seu povo se torne possível. E, como nos ensinou o próprio Senhor, orar insistentemente dizendo: "Venha a nós o vosso Reino".

Para viver esse ideal de vida cristã e escatológica, serão, sem dúvida, uma boa ajuda as leituras bíblicas que os diversos lecionários litúrgicos nos propõem durante as últimas semanas do ano.

SUMÁRIO

Introdução 5

As leituras bíblicas antes e depois do Concílio 7
  A Bíblia, livro inspirado, visando à celebração litúrgica 7
  A Bíblia, livro para ser lido na mesma perspectiva em que
    foi escrito 8
  As leituras, situadas no contexto do livro bíblico 10
  Os livros bíblicos situados no Ano Litúrgico 11
  Os diversos lecionários relacionados entre si 12
  O papel da Escritura no Ano Litúrgico antes do Vaticano II 12
  O Advento 13
  O Tempo do Natal 14
  A Quaresma 15
  O Tempo Pascal 15
  O Tempo Comum 16
  A resposta dos fiéis diante da pobre relação entre
    Bíblia e Ano Litúrgico 17
  As leituras bíblicas, ressaltadas pelo Movimento Litúrgico 19
  A resposta dos fiéis à nova situação 20

Modos de celebrar a Palavra segundo os novos livros litúrgicos 23
  Leitura bíblica e celebração litúrgica 23
  Os lecionários litúrgicos através da história tendem a
    se empobrecer 24
  O renascimento bíblico-litúrgico do Vaticano II 25
  Celebrar a Palavra, primeira finalidade dos
    lecionários litúrgicos 26
  As diretrizes do Concílio a respeito dos lecionários 27
  Leituras longas e leituras breves 29
  Leitura contínua e leituras selecionadas 29
  Três intensidades diferentes na leitura contínua 31
  Celebrar a Palavra através do Ano Litúrgico 32
  Sugestões para um bom uso dos lecionários litúrgicos 34

As leituras bíblicas no Advento 37
    Com o Advento se inaugura um "sistema novo"
    de leituras bíblicas 37
    As leituras da Missa (ciclo A) 37
    Os evangelhos de Mateus e Lucas no Lecionário do Advento 38
    Isaías, principal leitura do Tempo do Advento 39
    A leitura de Isaías no Lecionário atual do Ofício 40
    A leitura de Isaías no Lecionário da Missa 42

O Tempo do Natal 45
    Diversas linhas de força nas leituras bíblicas do Tempo do Natal ... 46
    Leituras de fundo temático 47
    Antologia de textos 48
    Leituras contínuas relativas ao mistério de Natal 50

Os evangelhos semanais de Natal 53
    Uma leitura diferente 53
    Evangelhos da oitava do Natal 53
    Evangelhos dos dias semanais antes da Epifania 55
    Evangelhos dos dias semanais entre a Epifania e
    o Batismo de Jesus 55

As primeiras semanas do Tempo Comum 57
    Nova mudança nos modos de ler a Escritura 57
    Importância do dinamismo próprio das leituras
    no Tempo Comum 58
    O centro de gravidade do Tempo Comum antes da
    reforma litúrgica 58
    O centro de gravidade no Tempo Comum segundo os
    novos livros litúrgicos 59
    Situar cada uma das celebrações em sua própria
    etapa da História da Salvação 61
    As primeiras semanas do Tempo Comum do ciclo par 62
    Algumas sugestões para "situar-se" espiritualmente
    nessas semanas 62

A Quaresma 65
    Visão de conjunto 65
    Uma dificuldade psicológica diante das leituras quaresmais 66

As linhas de força da renovação quaresmal 66
As leituras dominicais do Antigo Testamento 68
As leituras dominicais dos evangelhos 70
As epístolas dominicais 70
As leituras das Missas semanais 71
O Lecionário do Ofício das Leituras 74
Conclusão 75

A Páscoa de Israel no Lecionário da Quaresma 77
Atender a todas as leituras, destacar algumas do conjunto 77
As três linhas das leituras bíblicas quaresmais 78
Um plano "novo" e enriquecedor para a Quaresma 78
Quando fazer as leituras litúrgicas da história
da Páscoa de Israel 79
Continuidade na leitura do Pentateuco 81
A panorâmica da liberdade de Israel como imagem
da Páscoa cristã 82
A vivência espiritual das leituras bíblicas do Ofício 84

O Deuteronômio, meditação quaresmal 87
O Deuteronômio proclamado na liturgia 87
O Deuteronômio, um escrito singular no conjunto da Bíblia 89
Um livro espiritualmente importante 90
Um livro apropriado especialmente para a Quaresma 91
Um livro singularmente atual 93

A Qüinquagésima pascal 97
Maior presença da "leitura contínua" que nos outros
tempos fortes 97
Os livros proclamados durante a Qüinquagésima pascal 99
Presença do evangelho de João 100
Distribuição do evangelho de João nos lecionários
do Ciclo pascal 101
Os Atos dos Apóstolos 103
Distribuição da leitura dos Atos durante a
Qüinquagésima pascal 104
O Apocalipse 105
A primeira carta de são Pedro e as cartas de são João 105

Tempo Comum – Leituras da Missa (anos pares) 107
    A leitura evangélica da Missa semanal 107
    A História da Salvação nas leituras do Antigo Testamento 108
    A História da Salvação nos anos pares 109
    Do cisma das tribos do Norte até a queda da Samaria
      e Jerusalém 110
    Dois textos-chave nas leituras da missa 111
    Do exílio até o tempo dos macabeus 112

**A espiritualidade do retorno – Ofício das Leituras dos anos pares
(11ª e 12ª semanas)** 115
    Denúncia profética para tempos de secularização 115
    Os construtores da nova Jerusalém 118
    Reconstruir o templo 119
    As dificuldades da restauração 119
    O profeta Ageu 121
    O profeta Zacarias 122

Tempo Comum – As leituras dos anos ímpares 125
    O Ofício das Leituras: desde a conquista de Canaã
      até o exílio da Babilônia 125
    Dinâmica das primeiras leituras da missa 127
    O Pentateuco 129
    O evangelho de são Mateus 131

**Meditação sapiencial – Ofício das Leituras nos anos pares
(27ª-31ª semanas)** 133
    O livro do Eclesiástico 133
    O livro da Sabedoria 135

As últimas semanas do ciclo litúrgico 139
    A maneira própria das leituras bíblicas nas últimas
      semanas do Ano Litúrgico 139
    O livro da Sabedoria 141
    Os livros dos Macabeus 142
    O livro de Daniel 143
    Nos anos ímpares 144
    As leituras bíblicas da Missa (anos pares) 144
    A escatologia, conclusão do Ano Litúrgico 145

Impresso na gráfica da
Pia Sociedade Filhas de São Paulo
Via Raposo Tavares, km 19,145
05577-300 - São Paulo, SP - Brasil - 2007